Praxis Sprache 7

Sprechen
Schreiben
Lesen

Arbeitsheft

Herausgegeben von	Wolfgang Menzel
Erarbeitet von	Harald Herzog
	Wolfgang Menzel
	Regina Nußbaum
	Günter Rudolph
	Ursula Sassen
Illustriert von	Konrad Eyferth

westermann

Diagnostizieren. Fördern. Evaluieren.
Die OnlineDiagnose zu diesem Lehrwerk testet die wichtigsten Kompetenzen und erstellt individuelle Fördermaterialien und Arbeitshefte zum Downloaden oder Bestellen. Nähere Informationen unter **www.onlinediagnose.de**

Liebe Schülerinnen und Schüler,

ihr findet in diesem Arbeitsheft auf vielen Seiten Aufgaben und Materialien in den Farben Türkis und Rot, unter denen ihr auswählen könnt:

- **Türkise Aufgaben, Texte und Übungsmaterialien**
  sind etwas einfacher und kürzer. Sie geben euch Hilfestellungen, die ihr für eure Arbeit nutzen könnt.
- **Rote Aufgaben, Texte und Übungsmaterialien**
  sind etwas schwieriger und umfangreicher.

Inhalt

→ **Ein Klassengespräch untersuchen**

M

Gesprächsverhalten

Die Art und Weise, wie sich jemand in einem Gespräch äußert und verhält, nennt man Gesprächsverhalten. Das **Gesprächsverhalten** hängt nicht nur von der Gesprächssituation und von dem Gesprächsthema ab, sondern auch von der Stimmung des Sprechers und von dem Verhalten der anderen Gesprächsteilnehmer. Im Verlauf einer Unterhaltung kann sich das Gesprächsverhalten der einzelnen Sprecher verändern.

Man spricht von einem **positiven Gesprächsverhalten**, wenn sich ein Gesprächsteilnehmer zielorientiert, sachlich, verständnisvoll, vermittelnd, unterstützend, einlenkend, überzeugend oder besonnen verhält. Weicht ein Gesprächsteilnehmer aber gezielt vom Thema ab oder äußert er sich ironisch, überheblich, provozierend, verletzend, rücksichtslos, aggressiv oder unsachlich, dann zeigt er/sie ein **negatives Gesprächsverhalten**.

Darum geht es: An der Europaschule Langerwehe gibt es Probleme mit den Schülertoiletten. Für alle Schülerinnen und Schüler gibt es im Hauptgebäude einen zentralen Toilettenbereich mit 24 Toiletten. Dort kommt es aber immer wieder zu Sachbeschädigungen, Verunreinigungen und Wandschmierereien. Aus diesem Grund soll eine Toilettenkraft eingestellt werden, die die Toiletten sauber hält und Sachbeschädigungen verhindern soll. Darüber wollen die Schülerinnen und Schüler der Klasse 7d heute mit ihrem Klassenlehrer, Herrn Braun, in der Klassenlehrerstunde diskutieren.

Herr Braun	Also, ihr wisst ja, worum es heute geht. Wir wollen heute über …
Dennis 1) _____ _____	Ja, ja, Herr Braun, wissen wir ja schon längst … über die dämlichen Drecksklos an unserer Schule. Ist doch eh sch…egal. Ich würde lieber …
Saskia 2) _____ _____	Ich weiß jetzt nicht, was das soll, Dennis. Wenn du keine Lust hast, über die Schülertoiletten zu reden … bitte … das ist deine Sache. Ich möchte aber dringend über unsere Toiletten reden und viele andere hier bestimmt auch.
Herr Braun	Außerdem, mein lieber Dennis, find ich es nicht in Ordnung, dass du mir so ins Wort fällst. Und deine „Ist-doch-alles-egal-Haltung" bringt uns hier überhaupt nicht weiter. Ich fände es besser, du würdest dich mal sachlich zum Thema äußern.
Dennis 3) _____ _____	O.K., O.K. … Wenn Sie meinen …

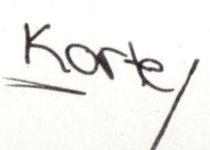

Julia
4) _____

_____

Ich möchte jetzt mal was zu den Mädchentoiletten sagen. Mir stinkt's nämlich gewaltig. Und das meine ich wörtlich. Die Mädchentoiletten sind eine Zumutung. Die sind schmutzig, oft ist kein Klopapier da, und was da manchmal neben den Klos liegt ... das sage ich besser nicht! So geht das jedenfalls nicht weiter. Darum bin ich für eine Toilettenkraft. Und zwar möglichst bald!

Annika
5) _____

_____

Tjaja ... für unsere feine Julia muss eben alles picobello sein. Du lieber Himmel! ... Man kann sich auch anstellen! Du brauchst wohl auch noch goldene Klos, was!

Herr Braun

Annika, würdest du bitte sachlich bleiben, anstatt Julia zu provozieren. Ich finde das nicht in Ordnung!
So ... jetzt aber mal wieder zurück zu unserem Thema.
Ich glaube, Marcel möchte etwas sagen. Marcel, bitte.

Marcel
6) _____

_____

Julia hat ganz recht, Herr Braun. Ich bin auch für eine Toilettenkraft, die nach dem Rechten sieht. An manchen Tagen gehe ich in der Schule überhaupt nicht zum Klo. Da liegt Klopapier auf dem Boden, und die Wände sind mit Edding vollgeschmiert. Was da für ein Mist steht – unglaublich! Also, ich würde vorschlagen, wir stimmen einfach ab, damit wir wissen, ob's eine Mehrheit für eine Toilettenkraft gibt.

Mareike
7) _____

_____

Ein guter Vorschlag, Marcel, den ich gerne unterstützen würde. Aber ich denke, für eine Abstimmung ist es noch zu früh. Mir ist zum Beispiel noch nicht klar, wer die Toilettenkraft bezahlen soll. Das müssten wir noch klären.

Herr Braun

Das stimmt natürlich, Mareike. Darüber weiß ich aber Bescheid. Grundsätzlich gibt es zwei Möglichkeiten: Entweder die Gemeinde stellt jemanden als Halbtagskraft ein und übernimmt die ganzen Kosten. Oder die Schule finanziert die Toilettenkraft über den Förderverein und über ein Toilettengeld.

Dennis
8) _____

_____

Herr Braun, dazu habe ich jetzt doch mal eine Frage.
Heißt das, dass wir jedes Mal 20 Cent bezahlen müssen, wenn wir zum Klo wollen? Und was mache ich, wenn ich kein Geld bei mir habe?

Annika
9) _____

_____

Dann leihst du dir eben was, du Knallkopf!

Herr Braun

Annika! Es reicht jetzt!
Hör endlich auf mit deinen Provokationen!

Annika
10) _____

_____

Ist ja schon gut. War doch bloß Spaß! Entschuldigung.
War nicht so gemeint, Dennis. Kommt nicht wieder vor.

Herr Braun

Na gut, Annika. Nun aber zu deiner Frage, Dennis. Jedes Mal 20 Cent zu bezahlen, halte ich auch für keine gute Idee. Aber eure Eltern könnten ja pro Halbjahr einen bestimmten Betrag auf das Schulkonto überweisen. Das ginge doch, oder?

Dennis
11) _____

_____

Hm, ja, das stimmt.
Das könnte ich mir auch vorstellen.

Herr Braun

Ist deine Frage zur Finanzierung damit beantwortet, Mareike?

Mareike
12) _____

_____

Ja, ich denke schon, Herr Braun. Von mir aus können wir jetzt auch abstimmen, und Sie können das Ergebnis dann der Lehrerkonferenz mitteilen.

(Zustimmendes Gemurmel und Kopfnicken der meisten Schülerinnen und Schüler.)

Herr Braun

Gut, euer Kopfnicken werte ich mal als Zustimmung.
Dann stimmen wir jetzt ab. Wer ist dafür, eine …

1 Schreibe auf, was du an diesem Klassengespräch positiv findest und was du eher negativ siehst.

An dem Klassengespräch hat mir gefallen, dass _____

_____

_____

_____

Mir hat nicht gefallen, dass _____

_____

_____

_____

2 Die Schülerinnen und Schüler verhalten und äußern sich in diesem Klassengespräch ganz unterschiedlich. Ordne den Schüleräußerungen eine der folgenden Kurzbeschreibungen zu.
- **Notiere zu den Schüleräußerungen 1 bis 12 die Kurzbeschreibung.**
- **Notiere zu den Schüleräußerungen 1 bis 6 die Kurzbeschreibung.**

argumentiert zielorientiert (2x)   provoziert und beleidigt (2x)

reagiert überheblich

unterstützt andere   fragt sachlich nach   unterbricht und lenkt ab

kritisiert sachlich

schlägt etwas vor   stimmt sachlich zu   sieht Fehler ein

3 Dennis und Annika verändern im Verlauf des Gesprächs ihr negatives Gesprächsverhalten zu einem positiven Verhalten. Schreibe auf, was sie zunächst falsch machen. Notiere dann, was sie im Verlauf des Gesprächs richtig machen.

Das macht Dennis zunächst falsch:

_____

_____

_____

Das macht Annika zunächst falsch:

_____

_____

_____

Das macht Dennis später richtig:

_____

_____

_____

Das macht Annika später richtig:

_____

_____

_____

4 Welcher Schüler und welche Schülerin tragen durch ihr positives Gesprächsverhalten besonders zum Gelingen des Klassengesprächs bei? Begründe.

_____

_____

_____

_____

_____

_____

_____

→ Jemanden mit Ich-Botschaften fair kritisieren

M

Ich-Botschaften / Du-Botschaften

Du-Botschaften können Auseinandersetzungen verschärfen. Sie tragen in der Regel wenig zu einer Einigung oder Lösung bei. So enthalten Du-Botschaften oft

- Vorwürfe *(Sieh dir an, was du angerichtet hast!)*,
- Beleidigungen *(Du Blödmann!)* oder
- Schuldzuweisungen *(Das ist alles deine Schuld!)*.

Mit **Ich-Botschaften** kann man dagegen oft schneller zu einer Einigung kommen. Das liegt daran, dass Ich-Botschaften den anderen nicht direkt angreifen. In einer Ich-Botschaft sagt der Sprecher,

- was er gut bzw. nicht gut findet *(Ich finde es nicht gut, dass ...)*,
- warum er es gut bzw. nicht gut findet *(... weil ich jetzt nichts mehr zu essen habe.)*,
- was er fühlt oder denkt *(Ich bin verärgert über ... / Ich denke ...)* oder
- was er für notwendig hält *(Ich möchte, dass ... / Ich erwarte, dass ...)*.

1 Formuliere zu den folgenden Situationen Ich-Botschaften, die zur Lösung der Konflikte führen können.

1. Das ist passiert:

In der Pause stehen ein paar Jungen auf dem Schulhof im Kreis und kicken sich den Ball zu. Der Ball muss in der Luft gehalten werden und darf nicht den Boden berühren, sonst scheidet man aus. Als Jens den Ball zugespielt bekommt, nimmt er ihn falsch an. Mit gestrecktem Bein versucht er den Ball doch noch in der Luft zu halten. Aber er trifft den Ball unglücklich. Der Ball fliegt aus dem Kreis heraus und trifft Jenny, die gerade mit Freundinnen vorbeikommt, am Kopf. Das tut natürlich sehr weh! Jedenfalls ist Jenny stocksauer ...

Jenny: Jens, du dämlicher Blödmann! Kannst du nicht aufpassen? Du hast mir den Ball an den Kopf geschossen. Das tut total weh! Wenn du nicht Fußball spielen kannst, dann lass es auch!

Jenny: _____

_____

_____

_____

_____

_____

_____

_____

2. Das ist passiert:

Als Sabine auf die Mädchentoilette geht, sieht sie, dass im Gang überall abgerolltes Toilettenpapier herumliegt. Conny und Celine aus der 8e stehen im Toilettengang, und Conny wirft lachend Klopapierrollen herum. Dann rennen beide ausgelassen an Sabine vorbei. „Verpetz mich bloß nicht!", ruft Conny noch. Aber Sabine ist sauer. Sie wollte in Ruhe zur Toilette gehen, und jetzt sieht es hier aus wie in einem Saustall. Das will Sabine sich nicht gefallen lassen. Sie beschließt, Conny anzusprechen …

Sabine: Du, Conny, ich würde mal gerne mit dir reden. Ich war ja gerade eben auf der Toilette und …

_____

_____

_____

_____

_____

3. Das ist passiert:

Kevin kann Tamara nicht gut leiden. Immer hackt er auf ihr herum. Als Tamara eines Tages eine neue Jacke anhat, legt Kevin wieder los. Er beschimpft Tamara und fragt, was das denn für eine Assi-Jacke sei. Dann fragt er sie noch provozierend, ob sie sich keine vernünftige Jacke leisten könne. Diese ewige Hetzerei will Tamara sich nicht länger gefallen lassen. Sie findet Kevins Verhalten unfair und verletzend. Darum beschließt sie, ihn in der Pause zur Rede zu stellen. Ihre Freundin Jana nimmt sie zu ihrer Unterstützung mit.

Jana: Hör mal, Kevin, wir müssen mal mit dir reden. Ich fänd's nett, wenn du ein paar Minuten Zeit hättest.

Also, es geht um …

_____

_____

_____

_____

_____

_____

_____

→ Argumente richtig aufbauen: Behauptung – Begründung – Beispiel

M

Argumente richtig aufbauen

Bei einer Diskussion gibt es fast immer einen Pro- und einen Contra-Standpunkt. Um in einer Diskussion den eigenen Standpunkt richtig darstellen und durchsetzen zu können, benötigt man gute Argumente. Ein Argument besteht aus:

- **Behauptung:** Ich bin der Meinung, dass …
- **Begründung:** Diesen Standpunkt vertrete ich, weil …
- **Beispiel:** Meinen Standpunkt kann ich mit dem folgenden Beispiel belegen: …

1 Zu dem folgenden Diskussionsthema sollst du für den Pro- **oder** den Contra-Standpunkt ein Argument nach dem Muster **Behauptung – Begründung – Beispiel** ausformulieren:

Sollte es an Schulen Getränkeautomaten mit stark gezuckerten Getränken (Cola, Limonade …) geben?

1. Behauptung:

_____

_____

_____

2. Begründung:

_____

_____

_____

_____

_____

3. Beispiel:

_____

_____

_____

_____

_____

→ Gedichte zum Auswendiglernen vorbereiten

M

Den Vortrag eines Gedichtes vorbereiten

Das **Wichtigste** beim Vortragen ist, dass das Publikum **Freude beim Zuhören** hat.
Die wichtigsten **Stationen**, mit denen du ein Gedicht auswendig lernen kannst, sind:

1. Das Gedicht aufmerksam durchlesen.

2. Dir das Gedicht verständlich machen und die Stimmung erfassen.

3. Am Rande des Gedichtes anmerken, wie du einzelne Stellen sprechen möchtest:
   eher laut, eher leise, witzig, traurig, schnell, langsam ... Auch Gebärden notieren!

4. Dir das Gedicht selbst leise vorlesen.

5. Das Gedicht mit Vortragszeichen versehen:
   • Wörter <u>unterstreichen</u>, die du besonders betonen möchtest;
   • Striche einfügen, bei denen du eine kleine (|) oder größere (‖) Pause machen möchtest;
   • Pfeile am Ende einer Zeile setzen (↗), wenn ein Vers in den anderen übergeht.

6. Das Gedicht mit den Vortragszeichen immer wieder halblaut vorlesen – und eventuell korrigieren.

7. Teile des Gedichtes (Strophen) einzeln üben:
   • halblaut vorlesen, den Abschnitt abdecken, auswendig sprechen;
   • eine Pause einlegen;
   • nach einiger Zeit wiederholen;
   • schwierige Stellen immer wieder für sich üben.

8. Mit Partner üben: Einer spricht auswendig, der andere hilft weiter.

Das Huhn und der Karpfen

Heinrich Seidel

Auf einer Meie<u>rei</u>[1], ↗   *langsam erzählen*
Da war einmal ein <u>braves Huhn</u>, |
Das <u>legte</u>, | wie die Hühner <u>tun</u>, ↗
An jedem Tag ein <u>Ei</u> |
Und <u>ka</u>kelte, ↗   *etwas lauter, nachahmen*
Mi<u>ra</u>kelte, ↗
Spek<u>ta</u>kelte, ↗
Als ob's ein <u>Wunder</u> sei. ‖   *rufen, sich an den Kopf fassen!*

Es war ein Teich dabei, _____

Darin ein braver Karpfen saß _____

Und stillvergnügt sein Futter fraß, _____

Der hörte das Geschrei: _____

Wie's kakelte, _____

Mirakelte, _____

Spektakelte, _____

Als ob's ein Wunder sei. _____

[1] Meierei: Bauernhof

Da sprach der Karpfen: „Ei!

Alljährlich leg' ich 'ne Million

Und rühm mich dess' mit keinem Ton;

Wenn ich um jedes Ei

So kakelte,

Mirakelte,

Spektakelte –

Was gäb's für ein Geschrei!"

Der Reiher

Heinrich Hoffmann von Fallersleben

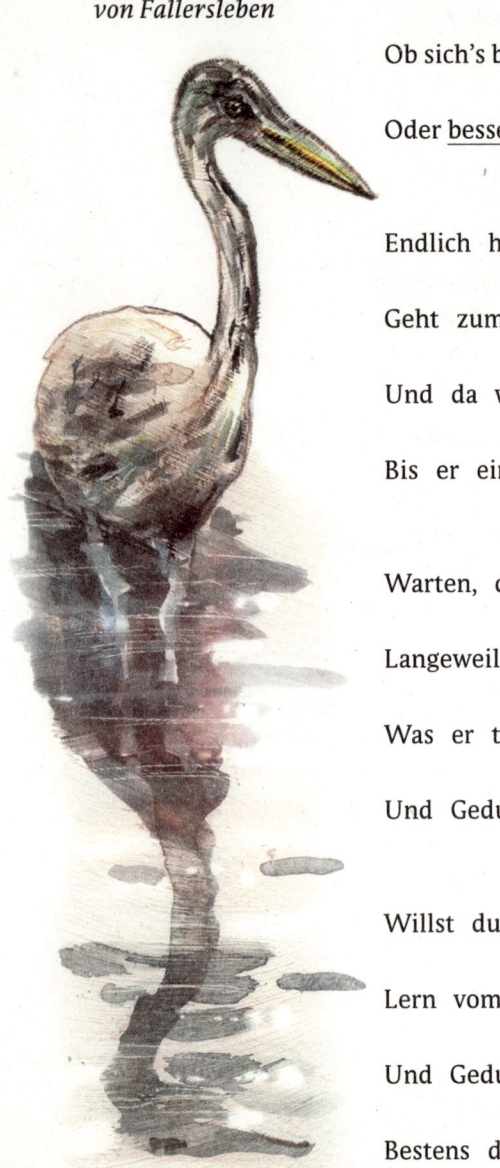

Wenn spazieren geht der Reiher,

Denkt er über manches nach: |

Ob sich's besser fischt am Weiher ↗

Oder besser noch | am Bach. ||

Endlich hat er sich entschlossen,

Geht zum Weiher hin und fischt,

Und da weilt er unverdrossen,

Bis er einen Fisch erwischt.

Warten, das versteht er prächtig,

Langeweile kennt er nicht;

Was er tut, er tut's bedächtig,

Und Geduld ist seine Pflicht.

Willst du irgendwas erringen,

Lern vom Reiher mancherlei,

Und Geduld vor allen Dingen

Bestens dir empfohlen sei.

Die Made

Heinz Erhardt

Hinter eines Baumes Rinde ↗

wohnt die Made | mit dem Kinde. ||

Sie ist Witwe, denn der Gatte,

den sie hatte, fiel vom Blatte.

Diente so auf diese Weise

einer Ameise zur Speise.

Eines Morgens sprach die Made:

„Liebes Kind, ich sehe grade,

drüben gibt es frischen Kohl,

den ich hol. So leb wohl!

Halt, noch eins! Denk, was geschah,

geh nicht aus, denk an Papa!"

Also sprach sie und entwich. –

Made junior aber schlich

hinterdrein; und das war schlecht!

Denn schon kam ein bunter Specht

und verschlang die kleine fade

Made ohne Gnade. Schade!

Hinter eines Baumes Rinde

ruft die Made nach dem Kinde …

1 Wähle dir eines der Gedichte aus und bereite es
zum Auswendiglernen vor.
Beachte dabei die Hinweise im Kasten auf Seite 11.

11

→ **Einen Lexikontext lesen – Informationen ermitteln**

Smog (smog), der, *engl.*: Zusammenziehung von *smoke = Rauch* und *fog = Nebel*. <u>Gemisch aus Abgasluft, Rauch und Nebel.</u> Smog entsteht, wenn Rauch- und Kohleteilchen von den kleinen Wassertropfen des Nebels gebunden werden. Dies geschieht meist bei Windstille und stabiler Wetterlage, wenn die feuchte Luft über der Erde nicht in höhere Luftschichten aufsteigen kann. Dieser sogenannte „Londoner Smog" hat oft einen gelblichen Schimmer, sein Geruch ist beißend und reizt zum Husten, weswegen er für die Atemwege schädlich ist. Dieser Smog tritt hauptsächlich im Winterhalbjahr auf. In Deutschland sind vor allem Industriegebiete davon betroffen. Eine andere Art von Smog ist der sogenannte „Los-Angeles-Smog". Er bildet sich vor allem über Großstädten, wenn bei warmer und feuchter Luft Autoabgase nicht abziehen können und mit der Luftfeuchtigkeit eine Verbindung eingehen. Bei starker Konzentration führt er zu Augenreizungen, Atembeschwerden und Kopfschmerzen.

1 Beantworte folgende Fragen zum Text. Unterstreiche dir dabei die entsprechenden Stellen im Text.

Woraus besteht Smog?

_____

_____

Welche Gefahren für die Gesundheit gehen von Smog aus?

_____

_____

Wie unterscheiden sich die beiden Arten von Smog?

_____

_____

_____

2 Hier sind einige Aussagen zum Thema „Smog". Vier davon sind richtig.
Markiere die richtigen Sätze und überprüfe sie am Text.

a) Von Smog spricht man, wenn der Wind Rauch- und Abgasteilchen in die Stadt treibt.
b) Von Smog spricht man, wenn es keinen Wind gibt, der die verschmutzte Luft vertreibt.
c) Smog ist eine Mischung aus Nebel und Schmutzteilchen.
d) Den „Londoner Smog" gibt es ausschließlich in London.
e) Der „Londoner Smog" tritt vor allem im Winter auf.
f) Der „Los-Angeles-Smog" kann in vielen Großstädten der Welt auftreten.
g) Der „Los-Angeles-Smog" tritt vor allem über Industriegebieten auf.

→ **Einen Zeitungsbericht mit einem Lexikontext vergleichen**

Jugendliche Skater auf Autobahnen

Turin. Wegen der unveränderten windstillen Wetterlage in diesem Juli erreichten die Abgaswerte in der italienischen Stadt Turin eine so hohe Konzentration, dass die Stadt seit Tagen von dichtem Smog eingehüllt blieb. Die Krankenhäu-
5 ser waren überfüllt von Menschen mit Augenreizungen und Atembeschwerden. Die Stadtverwaltung verhängte daher zunächst ein allgemeines Autofahrverbot. Die verkehrsreichen Straßen und Stadtautobahnen wurden vorübergehend von Kindern und Jugendlichen fröhlich in Besitz genommen
10 und zum Skaten und Radfahren genutzt. In der kommenden Woche dürfen jeweils an den Tagen mit geradem bzw. ungeradem Datum nur Autos mit geraden bzw. ungeraden Nummern fahren. Damit soll der Abgasausstoß zumindest halbiert werden.

1 Vergleiche diesen Zeitungstext mit dem Lexikontext auf der vorigen Seite und ordne folgenden Aussagen zu: *stimmt – stimmt nicht.*

a) Der Zeitungstext sagt etwas über eine besondere Smog-Situation aus. _____

b) Er erklärt, was Smog wirklich ist. _____

c) Er berichtet, was bei einem Smog so alles geschehen ist. _____

2 Um welche Art von Smog handelt es sich in der Stadt Turin? Um den sogenannten „Londoner Smog" oder um den „Los-Angeles-Smog"? Begründe mit Hilfe des Lexikontextes.

_____

_____

3 An welchen Tagen kann in Turin ein Auto mit einer Autonummer fahren, die am Ende eine 8 hat? Schreibe einige Tage für den Juli auf.

_____

4 Hier sind einige Aussagen über die beiden Smog-Texte. Markiere die richtigen Aussagen und unterstreiche die entsprechenden Stellen in den Texten.

a) In beiden Texten steht, welche Auswirkungen Smog auf die Gesundheit hat.
b) In beiden Texten wird auf die Auswirkungen von Autoabgasen hingewiesen.
c) In beiden Texten steht, dass Smog eine gelbliche Farbe hat.
d) In einem der Texte steht, dass Smog auch positive Folgen haben kann.
e) In einem der Texte steht, dass Smog etwas mit Gewitter zu tun hat.

→ **Aus Textinformationen ein Balkendiagramm erstellen**

Medienbeschäftigung in der Freizeit

Jugendliche zwischen 12 und 19 Jahren wurden in der JIM-Studie 2010 danach befragt, welche Medien sie täglich oder mehrmals pro Woche benutzen. Dabei kam heraus: Für Jugendliche spielen Medien eine sehr große Rolle. Etwa neunzig von hundert Jugendlichen nutzen regelmäßig ein Handy, das
5 Internet und den Fernseher. Auch Musik hat einen hohen Stellenwert. Achtzig von hundert nutzen regelmäßig einen MP3-Player. Aber auch das alte Radio spielt noch eine große Rolle. Für rund 75 von hundert gehört das Radio zum Alltag, und 62 % hören Musik-CDs. Auch gedruckte Medien haben ihren festen Bestand bei Jugendlichen. 44 % greifen regelmäßig zu einer Tageszei-
10 tung, und 38 % lesen regelmäßig Bücher. Etwa 35 % spielen mehrmals pro Woche Computer- oder Konsolenspiele. Digitale Fotos mit ihrer Kamera machen 31 %. Jeder zehnte Jugendliche hört einmal pro Woche ein Hörspiel. 1 % der Jugendlichen gibt an, mehrmals pro Woche ins Kino zu gehen. Betrachtet man die tägliche Nutzung, ist das Handy (91 %) das am häufigs-
15 ten verwendete Medium – noch vor dem Internet (90 %) und dem Fernseher (87 %). Unterschiede bei Jungen und Mädchen gibt es da kaum. Die bestehen vor allem bei den Computerspielen, die vor allem von Jungen gespielt werden, und beim Lesen von Büchern, was vor allem Mädchen bevorzugen.

1 Markiere die genannten Medien und unterstreiche die dazugehörigen Zahlenangaben im Text.

2 Übertrage die Ergebnisse aus dem Text in ein Balkendiagramm.

Medienbeschäftigung von Jugendlichen in der Freizeit

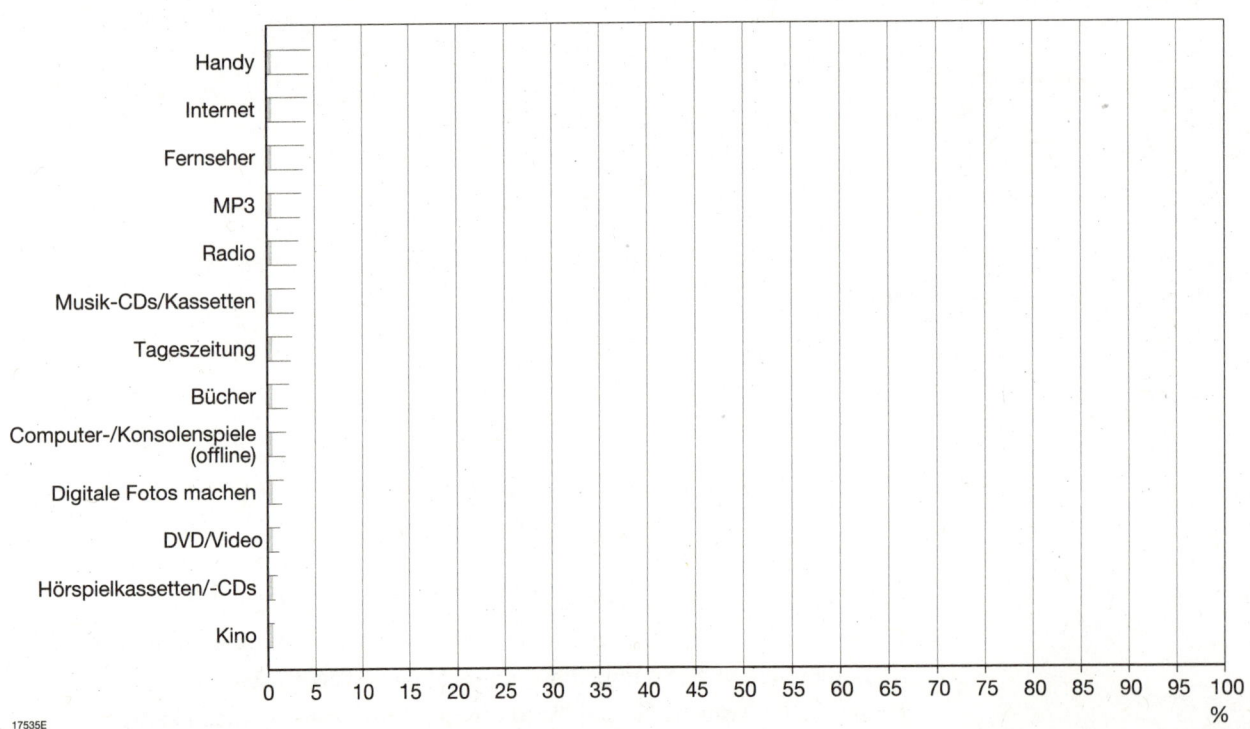

17535E

→ **Einen Text kürzen**

Wetterbericht

Dienstag, 26. Februar

Ein ~~tolles~~ Sturmtief, das es besonders auf alte und morsche Bäume abgesehen hat, zieht über die Nordseeküste ostwärts in Richtung Schweden
und wird aus manchem Wald Kleinholz machen. Es bringt etwas mildere,
aber auch feuchte Luft nach Norddeutschland. Gehen Sie also nicht in
5 den Wald! Am morgigen Vormittag ist es stark bewölkt. Hört das denn
gar nicht auf? Der Regen, der auf die Straßen niederprasselt, geht am
Nachmittag in wechselnde Bewölkung mit vereinzelten Schauern über.
Nachts kühlt die Luft bis auf 3 Grad ab. Im wunderschönen Oberharz
gibt es Temperaturen um den Gefrierpunkt. Es wird also echt kalt auf
10 dem Schulweg. Es weht ein frischer westlicher Wind mit einigen Sturmböen, die an der See Windstärke 8 erreichen können und selbst stärkste
Regenschirme zerfetzen. Am Mittwoch erreichen uns dichte Wolken
und zeitweise Regen, der mit Schnee vermischt ist, fast wie im April. In
höheren Lagen des Harzes ist es am Wochenende klar, und es ist voraus-
15 sichtlich noch einmal super Wintersport möglich. Der Februar endet mit
wechselhaftem Schauerwetter, besser gesagt: mit Sauwetter und Temperaturen um die 7 Grad.

1 Einen solchen Wetterbericht findest du natürlich in keiner Zeitung!
Streiche die Stellen durch, die nicht in einen Wetterbericht gehören.
Manchmal sind es nur einzelne Wörter, manchmal ganze Sätze.

2 Begründe, warum ein Wort wie *tolles Sturmtief* nicht in einen
Wetterbericht passt.

_____

_____

3 Welche der Aussagen von Schülern, die am Wochenende einen Ausflug
in den Harz machen möchten, hältst du für richtig?
Vergleiche mit dem Wetterbericht! Markiere die Aussagen, die mit dem
Wetterbericht übereinstimmen.

a) Wir können dann im Harz ja sogar noch Schlitten fahren.
b) Im Harz ist am Wochenende nur Regenwetter. Da fahren wir nicht hin.
c) Es wird in den nächsten Tagen immer wärmer. Da können wir sogar
schon barfuß gehen!
d) Es ist immer noch kalt. Besser, wir ziehen uns warm an.
e) Im Harz gehen wir am Wochenende wegen des Sturms am besten
nicht in den Wald.
f) Man merkt schon, dass jetzt bald der Frühling kommt!
g) Am Wochenende scheint überall die Sonne.
h) An der Nordsee könnten wir gut unsere Drachen und Kites steigen lassen.

→ Einem Text gezielt Informationen entnehmen

1 Lies den folgenden Text erst einmal unter dieser Fragestellung durch:

Woher haben die Flamingos ihre rosa Farbe?

Das schöne Rosa der Flamingos

Die schöne rosa Farbe der Flamingos kommt von einem
Farbstoff, der auch in Möhren oder Karotten vorkommt und
zur Gruppe der Karotine gehört. Damit sich sein Gefieder
rosa färbt, benötigt der Flamingo karotinhaltige Nahrung.
5 Je stärker nämlich die rosa Farbe bei einem Flamingohahn
ist, umso größere Chancen hat er bei den Weibchen. Wenn
er weiß bleibt, kümmert sich kein Weibchen um den Blässling und es klappt bei ihm mit der Fortpflanzung nicht.
In der freien Natur entnehmen Flamingos das Karotin den
10 Krabben, Krebsen und Algen, die zu ihrer Nahrung gehören.
In den Zoos müssen die Farbstoffe dem Futter zugesetzt
werden. Früher gab man den Vögeln deswegen Karotten
zu fressen.
  Schön rosa oder pink mögen es aber nicht nur die Fla-
15 mingos, sondern auch die Menschen. Sie lassen ihren
Appetit lieber von rötlichem als von weißem Fischfleisch
anregen. Forellen aber benötigen für ihre Nahrung und
Fortpflanzung kein Karotin; ihr Fleisch ist also in der Natur
weißlich grau. Das hat ihren Feinden offenbar immer gut
20 geschmeckt. Doch damit sich die Zuchtforellen besser verkaufen, muss ihr Fleisch schön rosa aussehen. Karotten aber
können sie nicht ausstehen. Also füttert man Forellen in
Zuchtteichen und Flamingos im Zoo mit Futter, das mit dem
Farbstoff Karotin angereichert ist.
25   Übrigens: Fragen Sie doch einmal Ihre Freundin, ob sie
rosa Haut auch so gerne mag wie die Flamingoweibchen.
Wenn ja, dann sagen Sie ihr: Krabben, Krebse oder Karotten zu essen, würde in diesem Fall bei den Menschen kaum
helfen. Karotten sind aber dennoch gesund – vor allem für
30 die Augen!

2 Lies den ganzen Text jetzt noch einmal aufmerksam durch. Beantworte
folgende Fragen und markiere die Stellen im Text.

a) Woher bekommen Flamingos in freier Wildbahn ihre rosa Farbe?
b) Woher bekommen sie sie im Zoo?
c) Was ist Karotin?
d) Wie sieht das Fleisch von Forellen in der Natur aus?
e) Bekommen Menschen durch Karotten eine rosa Haut?

3 Dieser Text ist insgesamt nüchtern und sachlich geschrieben, wie es sich für
einen Sachtext gehört. Doch es gibt einige Stellen, in denen der Verfasser auch
unterhaltsam und witzig schreibt. Unterstreiche solche Stellen.

→ **Zwischenüberschriften und Randnotizen zu einem Text notieren**

Krank durch Milch

Viele Menschen auf der Welt können keine Milch vertragen, weil sie den Milchzucker *Laktose* nicht richtig verdauen können. In den ersten Lebensjahren können Babys Milch noch vertragen, denn sie sind ja darauf angewiesen. Das gelingt ihnen mit Hilfe eines Verdauungssaftes, der *Laktase* heißt. Als Erwachsene verlieren viele Menschen nach und nach in ihrem Körper dieses Verdauungsmittel *Laktase*. Wenn sie dann Mich trinken oder Käse essen, bleibt der Milchzucker im Darm unverdaut. Das führt zu Durchfall und Bauchschmerzen.

Der Mensch hat sich in seiner langen Geschichte zunächst so entwickelt, dass er als Erwachsener keine Milch mehr trank, sondern sich von Fleisch, Gemüse und von Getreide ernährte. *Laktase* war also für die Verdauung nicht mehr nötig und wurde im Körper nicht mehr produziert.

Erst als die ersten Menschen vor etwa 12000 Jahren die Viehzucht einführten, tranken auch erwachsene Menschen regelmäßig Milch von Rindern, Ziegen und Schafen. Bei diesen Menschen, die vor allem in Nordeuropa lebten, setzte sich also die Fähigkeit durch, auch im Erwachsenenalter Milch zu verdauen. Daher haben in unseren Gegenden nur wenige Menschen Schwierigkeiten, Milch zu verdauen.

In einigen Ländern, in denen die Menschen nicht auf Milch angewiesen waren, hat sich keine *Laktase* in ihrem Körper ausgebildet. Deswegen vertragen sie bis heute keine Milchprodukte. Das betrifft viele Menschen in Südeuropa, Afrika und vor allem in Thailand.

Die Möglichkeit der Verdauung von Milch und Käse ist also genetisch (durch die Vererbung) bedingt. Das ist der Grund dafür, dass sich die Menschen, die keine *Laktase* ausgebildet haben, dann auch vor Milch oder Käse ekeln – oder gar ernstlich krank davon werden.

← ***Milchzucker für viele unverdaulich***

Babys können Milch noch vertragen

viele Erwachsene nicht mehr

Laktose: Milchzucker

Laktase: Verdauungssaft

←

←

←

←

1 Gib den einzelnen Absätzen Zwischenüberschriften. Diese Zwischenüberschriften sollten die wichtigsten Informationen eines Absatzes wiedergeben. Markiere die entsprechenden Stellen im Text.

2 Schreibe stichwortartig am Rand auf, was noch in einem Absatz wichtig ist. Markiere es im Text in einer anderen Farbe. In den ersten Absätzen ist dir schon einmal gezeigt, wie du es machen sollst.

→ **Eine Infografik lesen und auswerten**

1 Unser Klima wandelt sich, es wird immer wärmer. Und das hat Folgen für die Natur: also für Landschaft, Pflanzen, Tiere und Menschen. Lies die Infografik zum Klimareport der Europäischen Umweltagentur (EEA).

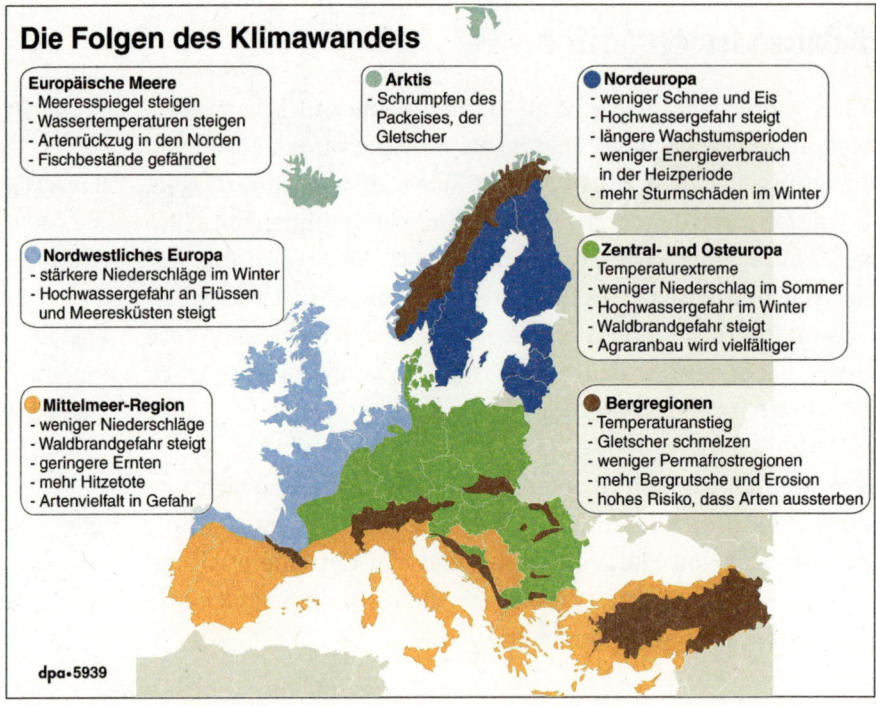

Die Folgen des Klimawandels

Europäische Meere
- Meeresspiegel steigen
- Wassertemperaturen steigen
- Artenrückzug in den Norden
- Fischbestände gefährdet

Arktis
- Schrumpfen des Packeises, der Gletscher

Nordeuropa
- weniger Schnee und Eis
- Hochwassergefahr steigt
- längere Wachstumsperioden
- weniger Energieverbrauch in der Heizperiode
- mehr Sturmschäden im Winter

Nordwestliches Europa
- stärkere Niederschläge im Winter
- Hochwassergefahr an Flüssen und Meeresküsten steigt

Zentral- und Osteuropa
- Temperaturextreme
- weniger Niederschlag im Sommer
- Hochwassergefahr im Winter
- Waldbrandgefahr steigt
- Agraranbau wird vielfältiger

Mittelmeer-Region
- weniger Niederschläge
- Waldbrandgefahr steigt
- geringere Ernten
- mehr Hitzetote
- Artenvielfalt in Gefahr

Bergregionen
- Temperaturanstieg
- Gletscher schmelzen
- weniger Permafrostregionen
- mehr Bergrutsche und Erosion
- hohes Risiko, dass Arten aussterben

dpa·5939

2 Was ist für dich die wichtigste Aussage dieser Infografik? Notiere sie.

_____

_____

3 Ordne folgenden Erklärungen Fachwörter zu: *Agraranbau, Artenvielfalt, Bergrutsch, Erosion, Gletscher, Meeresspiegel, Packeis, Permafrostregion, Temperaturextreme, Wachstumsperiode.*

a) Abtragung von Boden durch Wind, Wasser oder Frost _____

b) auf- und übereinandergeschobene Eisschollen im Meer _____

c) Betriebsform der Landwirtschaft: Anbau von Nutzpflanzen _____

d) Eismassen in den Polarregionen und in Hochgebirgen _____

e) Gebiete mit Dauerfrost _____

f) große Zahl unterschiedlicher Tier- und Pflanzenarten in einem Gebiet _____

g) Höhe der Meeresoberfläche _____

h) Schlamm-, Erd- und Geröllmassen, die sich plötzlich ins Tal bewegen _____

i) Zeit im Jahr, in der die Pflanzen in einer Region wachsen können _____

j) sehr große Unterschiede zwischen den höchsten und tiefsten Temperaturen, die an einem Ort gemessen werden _____

4 Gib die zentralen Aussagen der Infografik von Seite 20 mit Hilfe dieses Textgerüstes wieder.

Auswirkungen des Klimawandels in Europa

Die Infografik zum Klimareport der Europäischen Umweltagentur (EEA) zeigt die Auswirkungen des

Klimawandels in den verschiedenen Regionen Europas. In der **Arktis** schrumpfen durch die Klimaerwärmung

_____. Dadurch kommt es zu einem Anstieg des

_____. Weil auch die Wassertemperaturen der Meere steigen, ziehen sich

_____ zurück. Auch die

Fischbestände _____.

In **Nordeuropa** gibt es dank der Klimaerwärmung zwar _____

_____, aber die _____ steigt. Vor-

teilhaft ist, dass die _____ sind und dass man

_____ braucht.

Allerdings kommt es in Nordeuropa im Winter vermehrt zu _____.

In **Nordwesteuropa** fallen im Winter stärkere Niederschläge, deshalb _____

_____.

In **Zentral- und Osteuropa** verursacht die Klimaerwärmung extreme Temperaturen. Die Waldbrandgefahr

steigt, weil im _____ fallen.

Dagegen steigt im Winter die _____. Aber ein Vorteil für diese

Region ist, dass der _____.

In der **Mittelmeer-Region** fallen weniger Niederschläge. Das hat zur Folge, dass die Waldbrandgefahr steigt.

Es gibt mehr _____, die _____ werden geringer

und die Artenvielfalt des Mittelmeerraumes ist _____.

In den **Bergregionen** verursacht der Temperaturanstieg, dass die _____

und die Permafrostgebiete schrumpfen. Es wird vermehrt Bergrutsche und Erosionen geben. Für die Artenviel-

falt der Bergregionen besteht ein _____, manche Arten werden aussterben.

5 Welche Veränderungen durch den Klimawandel betreffen deine Region?
Was hast du beobachtet, wovon hast du schon gehört oder gelesen?
Schreibe einen Text zum Thema *Die Auswirkungen des Klimawandels bei uns*.

1 Hier ist ein Text über eine Befragung von Jugendlichen.
Markiere beim Lesen die Prozentzahlen mit der dazugehörigen Beschreibung.

Thema: Klimawandel

Der Klimawandel ist ein Thema, das Jugendliche heutzutage besonders stark beunruhigt, das hat eine Jugendstudie im Jahr 2010 ergeben. Eine breite Mehrheit der Jugendlichen (76 Prozent) hält ihn für ein großes oder sehr großes Problem. Nur vier Prozent sehen im Klimawandel kein Problem.

5 Für die große Mehrheit von 80 Prozent trifft es voll zu, dass vor allem der Mensch dafür verantwortlich ist, für weitere neun Prozent trifft es teilweise zu. Mehrheiten gibt es außerdem für die Aussagen, dass die reichen Industrieländer für den Klimawandel verantwortlich sind (trifft für 65 Prozent zu, für 16 Prozent teilweise), dass die Existenz der Menschheit bedroht

10 ist (trifft für 63 Prozent zu, für 13 Prozent teilweise) und dass die armen Länder die Folgen tragen müssen (trifft für 59 Prozent zu, für 17 Prozent teilweise).

2 Stelle die Daten als Balkendiagramm dar. Nutze dazu das folgende „Gerüst":
- Beschrifte die sechs Balken mit den zutreffenden Prozentzahlen und einer kurzen Beschreibung.
- Vier weitere Balken musst du noch einzeichnen und beschriften.

Das meinen Jugendliche zum Klimawandel:

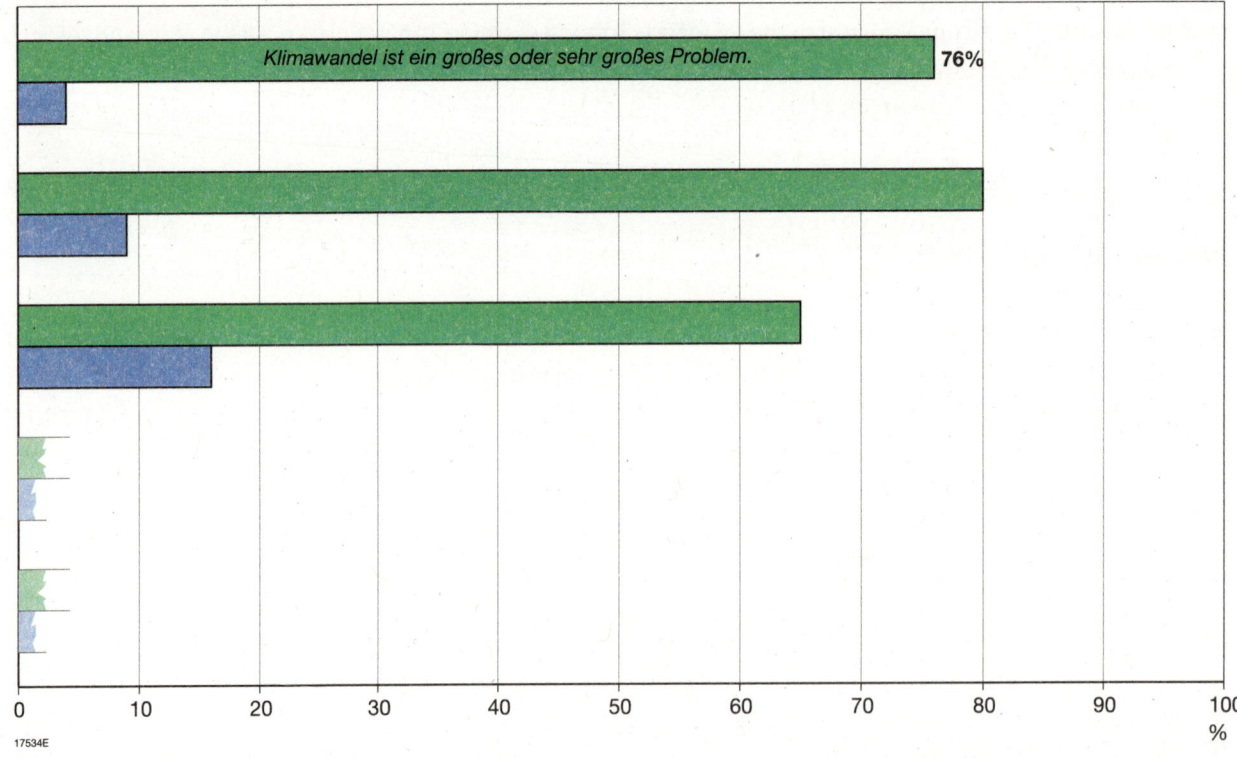

3 Was hättest du bei dieser Umfrage geantwortet? Äußere deine Ansicht über den Klimawandel. Schreibe ins Heft oder in die Mappe.

4 Welche persönlichen Konsequenzen ziehen junge Leute angesichts des Klimawandels? Auch danach wurde in der Jugendstudie 2010 gefragt. Lies die Ergebnisse in der folgenden Infografik.

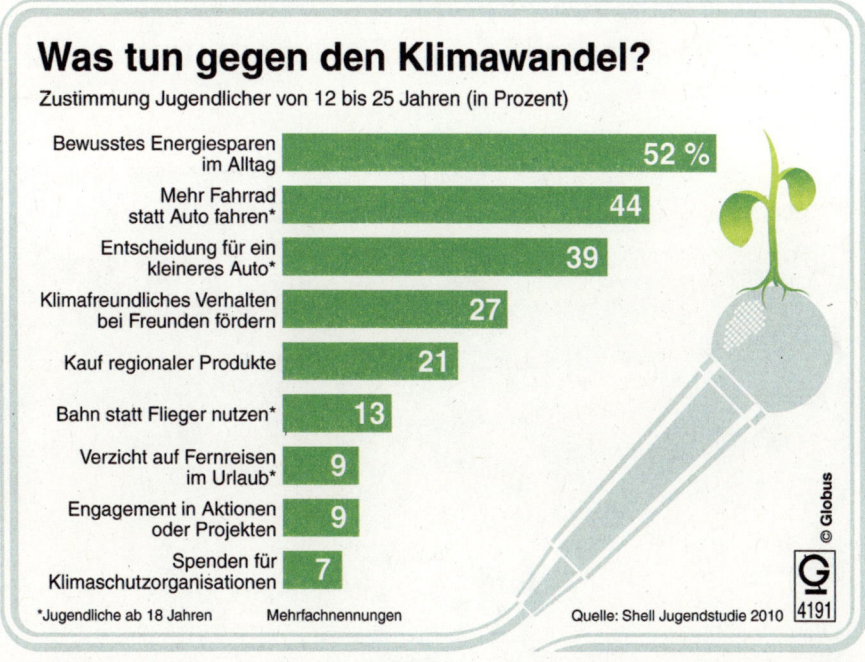

Was tun gegen den Klimawandel?
Zustimmung Jugendlicher von 12 bis 25 Jahren (in Prozent)

Bewusstes Energiesparen im Alltag	52 %
Mehr Fahrrad statt Auto fahren*	44
Entscheidung für ein kleineres Auto*	39
Klimafreundliches Verhalten bei Freunden fördern	27
Kauf regionaler Produkte	21
Bahn statt Flieger nutzen*	13
Verzicht auf Fernreisen im Urlaub*	9
Engagement in Aktionen oder Projekten	9
Spenden für Klimaschutzorganisationen	7

*Jugendliche ab 18 Jahren   Mehrfachnennungen   Quelle: Shell Jugendstudie 2010

© Globus 4191

5 Hier sind zutreffende und nicht zutreffende Aussagen über die Infografik. Kreuze die zutreffenden an:

1) In der Jugendstudie 2010 wurden Jugendliche von 12 bis 18 Jahren befragt. ☐
2) Manche Fragen wurden nur der Gruppe der 12- bis 17-Jährigen gestellt. ☐
3) Bei der Befragung waren Mehrfachnennungen möglich. ☐
4) Die Ergebnisse sind in Prozentzahlen angegeben. ☐
5) Mehr als die Hälfte aller Befragten will im Alltag bewusst Energie sparen. ☐
6) 27 Prozent aller Befragten achten darauf, mehr regionale Produkte zu kaufen. ☐
7) 39 Prozent der unter 18-Jährigen wollen sich für ein kleineres Auto entscheiden. ☐
8) Mehr als die Hälfte der über 18-Jährigen fährt mehr Fahrrad als Auto. ☐
9) 9 Prozent der über 18-Jährigen wollen auf Fernreisen im Urlaub verzichten. ☐
10) Nur eine kleine Minderheit aller Befragten gibt an, sich für Klimaschutzprojekte zu engagieren oder für Klimaschutzorganisationen zu spenden. ☐

6 Nutze einige Ergebnisse der Jugendstudie 2010 zum Thema „Klimawandel" für einen informierenden Text. Schreibe über die Haltung von Jugendlichen zum Klimawandel und ihre Bereitschaft, etwas für den Klimaschutz zu tun. Nimm abschließend persönlich Stellung.

Hier findest du einige hilfreiche Formulierungen:

Die ... beschäftigt sich mit dem Thema ...
Befragt wurden Jugendliche im Alter von ... bis ... Jahren.
Für die große Mehrheit ist ...
Nur eine Minderheit ...
Viele Befragte halten sogar ...
Ein ... Teil der ... ist bereit, selbst etwas (zu/zum/zur) ... beizutragen.

Zum Beispiel wollen ... Prozent ...
Andere ...
Außerdem ...
Ich bin der Ansicht, dass ...
Persönlich bin ich (nicht) bereit, etwas (für/gegen) ... zu tun, weil ...
Ich halte es für (sehr/nicht) wichtig ...
Zum Beispiel verzichte ich (möglichst/nicht) ...

→ **Zu einem Werbebild eine Anzeige gestalten**

In jeder großen **Stadt** steckt ein großer **Roman**.
Erfahren Sie mehr am 24.4. in Ihrer Süddeutschen Zeitung.

Seien Sie anspruchsvoll.

Süddeutsche Zeitung

→ **Zu einem Werbebild eine Anzeige gestalten**

1 Was für eine ungewöhnliche Anzeige!
Schau sie dir in Ruhe an und gehe auf Entdeckungsreise ...

2 Mit welchem außergewöhnlichen Eye-Catcher zieht diese Werbeanzeige
die Aufmerksamkeit des Betrachters auf sich? Begründe deine Ansicht.

_____

_____

_____

_____

3 Notiere die zentralen Bausteine zum Aufbau und zur Gestaltung dieser Werbeanzeige.

Eye-Catcher _____

Firmen-Logo _____

Haupt-Slogan _____

Neben-Slogan _____

*Wecken von Interesse
in die Zukunft hinein* _____

_____

4 Vervollständige nun diese Werbeanzeige:
- Denke dir zunächst ein Produkt aus, für das mit dieser Anzeige
  geworben werden könnte.
- Gib dem Produkt einen Namen.
- Über welche besonderen Qualitäten deines Produktes möchtest du
  in einem kurzen Text informieren?
- Welchen besonderen Anreiz möchtest du platzieren,
  der den Betrachter zum Kauf anregen soll?

Produkt: _____

Produktname: _____

Infotext: _____

_____

_____

_____

_____

Kaufanreiz: _____

_____

5 Stell dir einmal vor, die Freiheitsstatue würde für Großstadt-Reiseführer (Berlin, Rom, Barcelona ...) Werbung machen. Sie hat keine Lust mehr, immer nur in New York auf ihrem Sockel zu stehen, sondern will auch einmal andere Städte kennen lernen.

- Formuliere zu einer Werbeanzeige für Großstadt-Reiseführer zwei oder drei Slogans.
- Informiere dich über die verschiedenen Arten von Slogans im Merkkasten unten.

_____

_____

_____

_____

_____

6 Denke dir für deine Werbeanzeige auch einen kurzen Infotext aus.

_____

_____

_____

_____

_____

_____

_____

Slogan – Slogans

M

Slogans sind kurze, einprägsame Werbesprüche, die man sich gut und schnell merken kann. Es gibt verschiedene Arten von Slogans, zum Beispiel:

1. Slogans mit einem Befehl (Imperativ): Glänzen Sie mit Ihrem Hairstyling!
2. Frage-/Antwort-Slogans: Husten? Dafür gibt's doch Ratiopharm.
3. Ich-/Mein-Slogans: Ich will so bleiben, wie ich bin.
4. Du-/Dein-Slogans: Du bist Deutschland.
5. Wir-/Unser-Slogans: Wir geben Ihrer Zukunft ein Zuhause.
6. Endreim-Slogans: Haribo macht Kinder froh und Erwachsene ebenso.
7. Stabreim-Slogans: Actimel aktiviert Abwehrkräfte.
8. Slogans, die an Redewendungen anknüpfen:
   Gut, wenn man auf der sicheren Seite ist. – Die Versicherungen der Sparkasse.
9. Fremdsprachliche Slogans: Connecting people.
10. Slogans mit Begründungen: Weil ich es mir wert bin.
11. Zwei-Wort-Slogans: Abenteuer pur.
12. Gegensatz-Slogans: Außen klein – innen groß!
13. Drei-Wort-Slogans: Groß. Dunkel. Stark.
14. Slogans, die provozieren: Geiz ist geil!

→ **Eine Werbeanzeige untersuchen**

1 Markiere mit einem Textmarker in der Anzeige die Bausteine dieser Werbeanzeige.
Notiere dann neben jeden markierten Baustein, um welchen Baustein es sich handelt.

Eye-Catcher   *Haupt-Slogan*   *Firmen-Logo*

Infotext   *Nennung des Produkts*   *Aufforderung*

2 Schreibe in zwei oder drei Sätzen auf, was du beim ersten Blick
auf das Werbebild gedacht und empfunden hast.

Beim ersten Blick habe ich gedacht … _____

_____

_____

_____

_____

_____

3 Wozu fordert die Werbeanzeige den Betrachter auf? Notiere, was der Betrachter tun soll.

_____

_____

_____

4 Welche dieser Aussagen über die Werbeanzeige sind richtig?
Welche sind falsch?

	richtig	falsch
1. Das Produkt wird abgebildet.	☐	☐
2. Diese Anzeige richtet sich an die Zielgruppe der Erwachsenen.	☐	☐
3. Der Slogan enthält eine Redewendung.	☐	☐
4. Der Slogan ist provozierend.	☐	☐
5. Das Werbebild ist eine Fotomontage. In Wirklichkeit wäre die abgebildete Szene überhaupt nicht möglich.	☐	☐
6. Die Werbeanzeige spricht das Sicherheitsbedürfnis des Betrachters an.	☐	☐
7. Das Produkt wird in der Anzeige nur im Slogan und im Infotext genannt.	☐	☐
8. Das Werbebild ist nicht farbig, sondern schwarz-weiß. So fallen dem Betrachter der Slogan und das Firmen-Logo im roten Kasten besonders auf.	☐	☐
9. Der Eye-Catcher dieser Anzeige ist der Junge vor dem Aquarium.	☐	☐
10. Der Weiße Hai im Werbebild soll dem Betrachter zeigen, dass er sich vor Gefahren schützen muss. Zum Schutz soll der Betrachter Versicherungen abschließen.	☐	☐

5 Schau dir die Anzeige auf Seite 27 noch einmal an. Schreibe dann mit Hilfe der folgenden Formulierungshilfen einen Text über die **Werbeanzeige mit dem Weißem Hai**.

Eye-Catcher	· Diese Werbeanzeige habe ich in … entdeckt.
	· Meiner Meinung nach richtet sich die Anzeige an …
	· Sofort beim ersten Hinsehen ist mir der Eye-Catcher aufgefallen. Es ist ein …
Werbebild	· Vor dem Aquarium …
	· Der Weiße Hai wirkt auf mich …
	· Der Junge vor dem Aquarium scheint keine … zu haben.
	· Er steht jedenfalls ganz … an der Scheibe.
	· Bei den Farben ist mir aufgefallen, dass … Das finde ich ungewöhnlich.
	· Als einzige Farbe gibt es die Farbe …
Firmen-Logo	· Der große Kasten unter dem Werbebild ist zum Beispiel rot. Da alles andere schwarz-weiß ist, sticht einem das intensive Rot sofort ins Auge.
	· In dem großen roten Kasten stehen … und …
Slogan	· Der Slogan lautet: …
	· Dieser Slogan enthält eine Redensart, und zwar …
	· Außerdem nennt der Slogan das Produkt. Es wird nämlich hier für … geworben.
	· Ich glaube, die Werbeleute wollen mit dem Weißen Hai und dem Slogan sagen, dass …
Aufforderung	· Die Anzeige hat aber noch einen kleinen roten Kasten. Darin steht eine …
	· Der Leser soll nämlich …
	· Wahrscheinlich soll er nach der Beratung eine … abschließen.
Infotext	· Im unteren Teil der Anzeige steht ein kurzer Infotext. Der weist darauf hin, dass …
	· An dieser Werbeanzeige gefällt mir …
	· Aber ich habe auch etwas zu kritisieren. Mir gefällt nämlich nicht, dass …

M

Arbeitsschritte der Texterarbeitung und Textwiedergabe:

1. **Text durchlesen**
   Zuerst liest du den Text aufmerksam durch. Lass dich beim ersten Lesen nicht von unbekannten Begriffen oder unklaren Textstellen irritieren.

2. **Fremd- und Fachwörter klären**
   Viele Wörter, die du nicht kennst, klären sich aus dem Textzusammenhang. Manche Wörter musst du aber auch nachschlagen, um sie zu verstehen.

3. **Wichtige Informationen markieren**
   Benutze zum Markieren verschiedener Informationen unterschiedliche Farben.

4. **Zwischenüberschriften formulieren**
   Jeder Absatz eines Textes enthält etwas Neues. Das Neue sollst du für jeden Abschnitt als kurze Zwischenüberschrift (1 bis 5 Wörter) formulieren.

5. **Hauptgedanken des Textes wiedergeben**
   Erst wenn du die Hauptgedanken eines Textes in eigenen Worten wiedergeben kannst, hast du den Text wirklich verstanden. Entscheide selbst, ob du die Hauptgedanken in Stichwörtern oder in kurzen Sätzen aufschreibst.

1 Lies den folgenden Sachtext zunächst aufmerksam.

Werbung

1. _____

Da Werbung ein fester Bestandteil unseres Alltags geworden ist, fällt den meisten Menschen nicht mehr auf, dass die Werbung fast alle Bereiche ihres Lebens beeinflusst. Werbung begegnet uns im Fernsehen, im Radio, im Kino, in Zeitungen und Zeitschriften, auf Plakatwänden und Hausfassaden, auf Fahrzeugen, auf Kleidungsstücken, als Leuchtreklame, auf Flugblättern, auf Bannern im Fußballstadion, auf Kugelschreibern, auf Verpackungen, auf Flyern, als Prospekt und Katalog, auf dem Handy und natürlich auch im Internet.

2. _____

Dabei will die Werbung ganz viele Dinge auf einmal. Zunächst einmal will sie aber unter allen Umständen unsere Aufmerksamkeit. Wenn sie unsere Aufmerksamkeit geweckt hat, dann hat sie uns sozusagen „am Haken". Jetzt kann sie uns unterhalten, informieren und vor allem ... *manipulieren*. Das oberste Ziel der Werbung ist nämlich, uns zum Kaufen zu verführen und uns einzureden, dass wir ständig neue Dinge brauchen. Und das machen die Werbefirmen ganz geschickt – oft so, dass wir *Konsumenten* es gar nicht merken.

3. _____

Werbeanzeigen in Zeitungen oder Zeitschriften bestehen beispielsweise aus geschickt aufeinander abgestimmten Bild- und Textteilen. Um die Aufmerksamkeit der Konsumenten zu wecken, arbeiten alle Werbeanzeigen mit sogenannten Eye-Catchern. Bei Werbespots im Fernsehen kommen bewegte Bilder, Geräusche, gesprochene Texte und Musik hinzu. Besonders die Bilder und die Musik können tief in unser Unterbewusstsein eindringen und uns manipulieren.

4. _____

Eine große Bedeutung bei der Beeinflussung der Konsumenten hat der _Slogan_. Es gibt viele verschiedene Arten von Slogans. Eins aber ist allen Slogans gemeinsam: Sie wollen sich gleich beim ersten Hören einprägen – ganz gleich, ob man ihn sich merken möchte oder nicht.
Ein guter Slogan ist nämlich wie ein „Ohrwurm" in der Musik. Man hört ihn einmal, und dann geht er einem nicht mehr aus dem Kopf. Welche Art Slogan die Werbeleute für ein Produkt nehmen, hängt auch davon ab, an wen sich die Werbeanzeige richtet.

5. _____

Denn jede Werbung hat immer eine bestimmte _Zielgruppe_, der sie etwas verkaufen möchte. So gibt es Werbeanzeigen oder TV-Spots, die sich ganz gezielt nur an Kinder, an Jugendliche, an Erwachsene oder nur an Senioren richten. Manchmal überschneiden sich diese Zielgruppen aber auch. Bei der Spielzeugwerbung gibt es beispielsweise mindestens zwei Zielgruppen: die Kinder, die das Spielzeug haben möchten, und die Eltern, die es ihnen kaufen sollen.

6. _____

Eine Gesellschaft ohne Werbung ist sicherlich schwer vorstellbar. Ohne Werbung würden wir zum Beispiel nichts über neue Produkte, ihre Eigenschaften oder über ihre Preise erfahren. Und ohne Werbung könnte die Industrie natürlich auch nicht so viele Produkte verkaufen. Außerdem sind viele Werbeanzeigen oder Werbespots witzig und unterhaltsam. Werbung beeinflusst uns also nicht nur, sondern sie informiert und unterhält uns auch.

7. _____

Aber Werbung hat auch Nachteile. Das liegt daran, dass sie uns mit allen Mitteln zum Kaufen verführen will – ganz gleich, ob wir ein Produkt brauchen oder nicht. Darum versucht sie ununterbrochen, neue Wünsche bei uns zu wecken, die wir vorher gar nicht hatten. Geschickt und oft unbemerkt spricht sie dabei unsere geheimsten Wünsche nach Anerkennung an, nach Schönheit, Gesundheit, Reichtum, Glück und nach Erfolg. So sollen wir dazu verführt werden, immer mehr zu kaufen. Mit diesem künstlich erzeugten Konsumdruck sind manche Menschen aber überfordert. Sie werden beispielsweise kaufsüchtig und fühlen sich nur gut, wenn sie sich etwas kaufen können. Oder sie kaufen mehr, als sie sich tatsächlich leisten können, und häufen so im Laufe der Jahre immer mehr Schulden an. Wieder andere fühlen sich minderwertig, weil sie nicht genug Geld haben, um sich all das kaufen zu können, was ihnen die Werbung tagtäglich präsentiert.

→ Lösungen zum Arbeitsheft „Praxis Sprache 7"

Seite 7:
Aufgabe 2:
1) Dennis: unterbricht und lenkt ab
2) Saskia: kritisiert sachlich
3) Dennis: reagiert überheblich
4) Julia: argumentiert zielorientiert
5) Annika: provoziert und beleidigt
6) Marcel: argumentiert zielorientiert
7) Mareike: unterstützt andere
8) Dennis: fragt sachlich nach
9) Annika: provoziert und beleidigt
10) Annika: sieht Fehler ein
11) Dennis: stimmt sachlich zu
12) Mareike: schlägt etwas vor
Aufgabe 3:
Dennis:
Das macht Dennis zunächst falsch: unterbricht, lenkt ab, reagiert überheblich
Das macht Dennis später richtig: fragt sachlich nach, stimmt sachlich zu
Annika:
Das macht Annika zunächst falsch: provoziert, beleidigt
Das macht Annika später richtig: sieht Fehler ein
Aufgabe 4:
Folgende Schüler/Schülerinnen zeigen ein positives Gesprächsverhalten:
Saskia, weil sie sachlich kritisiert.
Julia, weil sie zielorientiert argumentiert.
Marcel, weil er zielorientiert argumentiert.
Mareike, weil sie andere unterstützt und einen Vorschlag macht.

Seite 8:
Aufgabe 1 (mögliche Lösung):
Jenny: Aua! Au, Jens, das hat mir echt weh getan. Ich vermute, dass das keine Absicht war, aber ich bin jetzt trotzdem ziemlich verärgert. Ich fände es wichtig, wenn du in Zukunft beim Ballspielen mehr Rücksicht auf andere nehmen würdest.
Sabine: Du, Conny, ich würde mal gerne mit dir reden. Ich war ja gerade eben auf der Toilette und ich hab gesehen, dass du und Celine da mit Klopapier herumgeworfen habt. Das finde ich wirklich nicht gut von euch. Ich möchte eine saubere Toilette haben. Ich glaube, daran hast du nicht gedacht, oder? Ich will dich nicht verpetzen, aber ich fände es gut, wenn Celine und du die Sauerei dann selbst wieder in Ordnung bringen würdest.

Jana: Hör mal, Kevin, wir müssen mal mit dir reden. Ich fände es nett, wenn du ein paar Minuten Zeit hättest. Also, es geht um Tamara. Ich finde es nicht in Ordnung, dass du immer auf ihr herumhackst. Ich beobachte das jetzt schon eine ganze Weile. Ich kann nicht verstehen, warum du sie immer beschimpfst und bei jeder Gelegenheit heruntermachst. Ich bin Tamaras Freundin, und ich möchte, dass das aufhört. Ich hoffe, du siehst das ein.

Seite 10:
Aufgabe 1 (mögliche Lösung):
Pro-Argument:
Behauptung:
Ich bin der Meinung, dass es an allen Schulen Getränkeautomaten mit Cola und Limo geben sollte.
Begründung:
Diesen Standpunkt vertrete ich, weil ich Cola und Limo gerne trinke. Ich finde es außerdem nicht schlimm, hin und wieder mal ein zuckerhaltiges Getränk zu trinken. Wenn es in der Schule keinen Getränkeautomat mit Limo und Cola gibt, dann bringen viele Schüler sich das eben von zu Hause mit.
Beispiel:
In meiner Klasse bringen mehr als die Hälfte der Schüler Cola oder Limo mit zur Schule.

Contra-Argument:
Behauptung:
Ich bin der Meinung, dass es an Schulen keine Getränkeautomaten mit Cola und Limo geben sollte.
Begründung:
Diesen Standpunkt vertrete ich, weil Cola und Limo wegen des hohen Zuckergehalts ungesund sind. Außerdem habe ich gelesen, dass Kinder und Jugendliche immer dicker werden, weil sie zu viel Cola und Limo trinken. Die Schule muss die Schüler zu einer gesunden Ernährung erziehen. Darum bin ich gegen Getränkeautomaten mit zuckerhaltigen Getränken in der Schule. Besser wäre ein Getränkeautomat mit Mineralwasser, Tee und Milch.
Beispiel:
Ich kenne einen Jungen, der ist regelrecht colasüchtig. Der trinkt jeden Tag mindestens drei Liter Cola. Das hat dazu geführt, dass er stark übergewichtig ist.

Seite 14:
Aufgabe 2: Richtig sind die Antworten b, c, e, f.

Seite 15:

Aufgabe 1: Richtig sind a und c.

Aufgabe 2: Es handelt sich um den „Los-Angeles-Smog", denn der tritt vor allem bei Hitze über Großstädten auf.

Aufgabe 4: Richtig sind a, b, d.

Seite 17:

Aufgabe 1:

Ein ~~tolles~~ Sturmtief, ~~das es besonders auf alte und morsche Bäume abgesehen hat~~, zieht über die Nordseeküste ostwärts in Richtung Schweden ~~und wird aus manchem Wald Kleinholz machen~~. Es bringt etwas mildere, aber auch feuchte Luft nach Norddeutschland. ~~Gehen Sie also nicht den Wald!~~ Am morgigen Vormittag ist es stark bewölkt. ~~Hört das denn gar nicht auf?~~ Der Regen, ~~der auf die Straßen niederprasselt,~~ geht am Nachmittag in wechselnde Bewölkung mit vereinzelten Schauern über. Nachts kühlt die Luft bis auf 3 Grad ab. Im ~~wunderschönen~~ Oberharz gibt es Temperaturen um den Gefrierpunkt. ~~Es wird also echt kalt auf dem Schulweg.~~ Es weht ein frischer westlicher Wind mit einigen Sturmböen, die an der See Windstärke 8 erreichen können ~~und selbst stärkste Regenschirme zerfetzen~~. Am Mittwoch erreichen uns dichte Wolken und zeitweise Regen, der mit Schnee vermischt ist, ~~fast wie im April~~. In höheren Lagen des Harzes ist es am Wochenende klar, ~~und es ist voraussichtlich noch einmal super Wintersport möglich~~. Der Februar endet mit wechselhaftem Schauerwetter, ~~besser gesagt: mit Sauwetter~~ und Temperaturen um die 7 Grad.

Aufgabe 2:

Toll ist ein Wort der Umgangssprache und gehört deswegen nicht in einen sachlichen Bericht.

Aufgabe 3: Richtig sind a, d, h.

Seite 18:

Aufgabe 1: Der erste Absatz (vor allem die Zeilen 1–4 und 9–12) gibt Antwort auf die Frage.

Aufgabe 2: a) von Krebsen, Krabben und Algen; b) von Farbstoffen, die ihrem Futter zugesetzt werden; c) ein Farbstoff; d) weißlich grau; e) nein

Aufgabe 3: Folgende Sätze sind witzig:

... kümmert sich kein Weibchen um den Blässling ...

Das hat ihren Feinden offenbar immer gut geschmeckt.

Karotten aber können sie nicht ausstehen.

Fragen Sie doch einmal Ihre Freundin ...

Seite 20:

Aufgabe 3: a) Erosion, b) Packeis, c) Agraranbau, d) Gletscher, e) Permafrostregion, f) Artenvielfalt, g) Meeresspiegel, h) Bergrutsch, i) Wachstumsperiode, j) Temperaturextreme

Seite 21:

Aufgabe 4:

Auswirkungen des Klimawandels in Europa

Die Infografik zum Klimareport der Europäischen Umweltagentur (EEA) zeigt die Auswirkungen des Klimawandels in den verschiedenen Regionen Europas. In der **Arktis** schrumpfen durch die Klimaerwärmung *Gletscher und Packeis*. Dadurch kommt es zu einem Anstieg *des Meeresspiegels*. Weil auch die Wassertemperaturen der Meere steigen, ziehen sich *viele Arten in den Norden* zurück. Auch die Fischbestände *sind gefährdet*.

In **Nordeuropa** gibt es dank der Klimaerwärmung zwar *weniger Eis und Schnee*, aber die *Hochwassergefahr* steigt. Vorteilhaft ist, dass die *Wachstumsperioden länger* sind und dass man *weniger Energie für die Heizperiode* braucht. Allerdings kommt es in Nordeuropa im Winter vermehrt zu *Sturmschäden*.

In **Nordwesteuropa** fallen im Winter stärkere Niederschläge, deshalb *steigt dort die Hochwassergefahr an den Flüssen und Meeresküsten*.

In **Zentral- und Osteuropa** verursacht die Klimaerwärmung extreme Temperaturen. Die Waldbrandgefahr steigt, weil im *Sommer weniger Niederschläge* fallen. Dagegen steigt im Winter die *Hochwassergefahr*. Aber ein Vorteil für diese Region ist, dass der *Agraranbau vielfältiger wird*.

In der **Mittelmeer-Region** fallen weniger Niederschläge. Das hat zur Folge, dass die Waldbrandgefahr steigt. Es gibt mehr *Hitzetote*, die *Ernten* werden geringer und die Artenvielfalt des Mittelmeerraums ist *bedroht*.

In den **Bergregionen** verursacht der Temperaturanstieg, dass die *Gletscher schmelzen* und die *Permafrostgebiete* schrumpfen. Es wird vermehrt Bergrutsche und Erosionen geben. Für die Artenvielfalt der Bergregionen besteht ein *hohes Risiko*, manche Arten werden aussterben.

Seite 23:

Aufgabe 5: Zutreffend sind 3, 4, 5, 9 und 10.

Seite 25:

Aufgabe 2:

Diese Anzeige überrascht uns mit einer sehr locker und bequem sitzenden Freiheitsstatue, die ganz entspannt ein Buch in der Hand hält und liest. So kennt man sie nicht – und das genau ist der Eye-Catcher, der uns überrascht und damit unsere Aufmerksamkeit auf sich zieht.

Aufgabe 3:

Eye-Catcher: Die entspannt und gemütlich sitzende und lesende Freiheitsstatue

Firmen-Logo: Süddeutsche Zeitung

Haupt-Slogan: In jeder großen Stadt steckt ein großer Roman.

Neben-Slogan: Seien Sie anspruchsvoll.

Wecken von Interesse in die Zukunft hinein: Erfahren Sie mehr am 24.4. in Ihrer Süddeutschen Zeitung.

Seite 26:

Aufgabe 5:

Beispiele für mögliche Slogans:

Reise mit mir! /

Reisen pur. /

Sei weise – mach eine Städtereise. /

Handlich. Anschaulich. Informativ. /

Wir haben Lesefutter für Reisehungrige. /

Lieber Globetrotter als Globetrottel! /

Du hast eine Traumstadt? – Wir haben den Reiseführer!

Aufgabe 6 (mögliche Lösung):

Unsere Reihe „Großstadt-Reiseführer" ist ab sofort für alle Traum-Großstädte erhältlich. Ob Barcelona, New York, Berlin, Rom oder Peking – wir haben den richtigen Reiseführer für Sie. Neben zahlreichen Insider-Tipps und beeindruckenden Farbfotos finden Sie in jedem Band einen ausfaltbaren Stadtplan mit den wichtigsten Sehenswürdigkeiten, den schönsten Hotels und den besten Restaurants. Dazu gibt es zahlreiche Hintergrund-Infos zu Geschichte und zur Kultur Ihrer Traumstadt.

Sie möchten sich über unsere Großstadt-Reiseführer näher informieren? – Weitere Infos finden Sie unter www.großstadtreisefuehrerexcellent.de im Internet.

Seite 28:

Aufgabe 4:

richtig: 2, 3, 5, 6, 7, 8, 10

falsch: 1, 4, 9

Aufgabe 5 (mögliche Lösung):

Die Sparkassen-Werbeanzeige mit dem Weißen Hai

Diese Werbeanzeige habe ich in unserem Arbeitsheft entdeckt. Meiner Meinung nach richtet sich die Anzeige an Erwachsene. Sofort beim ersten Hinsehen ist mir der Eye-Catcher der Anzeige aufgefallen. Es ist ein riesiger Weißer Hai in einem Aquarium.

Vor dem Aquarium lehnt ein Junge mit ausgebreiteten Armen an der Scheibe und schaut den Hai direkt an. Der Weiße Hai wirkt auf mich bedrohlich, und er macht mir Angst. Der Junge vor dem Aquarium hat scheinbar keine Angst. Er steht jedenfalls ganz entspannt an der Scheibe. Bei den Farben ist mir aufgefallen, dass das Werbebild schwarz-weiß ist. Das finde ich ungewöhnlich. Als einzige Farbe gibt es die Farbe Rot in der Anzeige. Der große Kasten unter dem Werbebild ist zum Beispiel rot. Da alles andere schwarz-weiß ist, sticht einem das intensive Rot sofort ins Auge.

In dem roten Kasten stehen das Sparkassen-Logo und der Slogan. Der Slogan lautet: „Gut, wenn man auf der sicheren Seite ist. Die Versicherungen der Sparkasse". Dieser Slogan enthält die Redensart „auf der sicheren Seite sein". Außerdem nennt der Slogan das Produkt. Es wird nämlich hier für Versicherungen geworben. Ich glaube, die Werbeleute wollen mit dem Weißen Hai und dem Slogan sagen, dass es überall Gefahren gibt und dass man sich gegen diese Gefahren mit Versicherungen schützen soll. Die Werbeanzeige hat aber noch einen kleinen roten Kasten. Darin steht eine Aufforderung an den Leser. Der Leser soll sich nämlich bei der Sparkasse beraten lassen. Wahrscheinlich soll er nach der Beratung eine Versicherung abschließen.

Im unteren Anzeigenteil steht ein kurzer Infotext. Der weist darauf hin, dass es Gefahren gibt, vor denen nur die Versicherungen der Sparkasse schützen können.

An dieser Werbeanzeige gefällt mir das Werbebild mit dem Hai im Aquarium besonders gut. Aber ich habe auch etwas zu kritisieren. Mir gefällt nämlich nicht, dass dem Leser mit dem Weißen Hai Angst gemacht wird, damit er eine Versicherung abschließt.

Seite 31:

Aufgabe 3: 1b, 2a, 3c, 4d

Aufgabe 4:

1. Werbung beeinflusst unser gesamtes Leben

2. Was Werbung will

3. Woraus Werbung besteht

4. Der Slogan

5. Die Zielgruppe

6. Eine Gesellschaft ohne Werbung?

7. Werbung hat auch Nachteile (*eigene Zwischenüberschrift*)

Aufgabe 5: ja: 2, 4, 5, 6 / **nein:** 1, 3

Aufgabe 6:

Vorteile:

•   informiert die Verbraucher

•   unterhält die Verbraucher

•   schafft Arbeitsplätze

Nachteile:

•   verführt zum Kaufen

•   informiert nicht sachlich

•   manipuliert die Verbraucher

Aufgabe 7: Richtig ist Aussage 2.

Seite 33:

Aufgabe 3 (mögliche Lösung):

(...) Am Eingang hingen zwar Hinweisschilder: *Tiere füttern verboten!* Aber weder meine Eltern noch mein kleiner Bruder Anton oder ich nahmen das richtig ernst. Wir dachten nur: Was ist schon dabei? Die Tiere freuen sich bestimmt, wenn sie etwas Frisches zu futtern bekommen! – Wir ahnten ehrlich nicht, was für ein großer Fehler das war.

Als wir in das Afrika-Land mit den Zebras, Giraffen und Elefanten kamen, stand plötzlich ein kleiner Elefant neben unserem Auto und fummelte mit seinem Rüssel an der Scheibe herum. Er sah richtig drollig aus, und Anton klatschte in die Hände und quietschte vor Vergnügen. Rasch ließ ich die Scheibe hinunter und hielt dem borstigen Kleinen einen süßen Apfel hin, um ihm etwas Gutes zu tun. Der Elefant nahm ihn auch behutsam mit seinem Rüssel entgegen und schob ihn sich ins Maul – wollte anschließend aber offenbar noch mehr von den schönen Früchten haben. Jedenfalls stieß er plötzlich seinen Rüssel durch die offene Scheibe und begann, damit im Wageninnern nach weiteren Leckereien zu suchen. Schnauf, schnauf, machte der Rüssel, während er sich wahllos durch unsere Taschen und Jacken wühlte. „Drück ihn raus aus dem Auto!", rief Papa mir zu, aber so ein Elefantenrüssel hat sehr viel Kraft, und ich konnte ihn nicht wegdrücken. Da bekam ich es mit der Angst, und als der Elefant auch noch an Antons Hemdchen zupfte und mein Bruder und meine Mutter daraufhin beide aufschrien, ließ ich erschrocken die Scheibe wieder nach oben fahren, und der Rüssel wurde eingeklemmt.

Das war allerdings ein großer Fehler und machte den Elefanten so verrückt, dass er mit dem Bein gegen die Tür drückte, sodass sie eingebeult wurde. Anton heulte immer lauter, und mein Herz schlug wie wild. „Mach die Scheibe wieder auf, schnell!", rief Mama aufgeregt, und Papa griff blitzschnell nach dem Schalter und ließ das Fenster wieder runterfahren. Schnaubend zog der Elefant seinen Rüssel wieder heraus.

Was dann geschah, kam total unerwartet. Ich hätte gedacht, das Tier würde sich nun zurückziehen, aber nein! Stattdessen schlug er mit seinem Rüssel so wütend auf das Autodach, dass es halb zertrümmert wurde. Wir schrien alle erschrocken auf, und ich glaube, es ist nur Mamas Geistesgegenwart zu verdanken, dass wir entkommen konnten. Trotz ihrer Panik gab sie nämlich Gas und raste mit uns davon, sodass der nächste Rüsselhieb des Elefanten ins Leere ging.

Als unser aufgewühlter, empörter Vater, noch immer ganz blass im Gesicht, hinterher den Schaden bei der Tierparkverwaltung meldete, fragte man ihn nur: „Ja, haben Sie denn die Verbotsschilder am Parkein-

gang nicht beachtet?" Trotz langer Diskussion und Streiterei blieb es dabei: Meine Eltern mussten für den Schaden selbst aufkommen. Das war natürlich ärgerlich. Dennoch waren Anton und ich uns, nachdem wir uns von dem Schrecken erholt hatten, rasch einig: Das Erlebnis mit dem Elefanten war ein unvergessliches Abenteuer!

Seite 35:

Aufgabe 1 (mögliche Lösung):

Der kluge Richter – Inhaltsangabe

Die Kalendergeschichte von Hebel erzählt, wie ein Richter einem ehrlichen Finder sein Recht gibt und einen Betrüger ins Unrecht setzt.

Ein reicher Mann hat einen Beutel mit 700 Talern verloren. Er meldet den Verlust und bietet eine Belohnung von 100 Talern an. Ein ehrlicher Finder sagt, er habe den Geldbeutel gefunden, und gibt ihn zurück. Der andere zählt sein Geld nach. Er findet die 700 Taler, aber er behauptet, dass er 800 Taler verloren habe (hat). Er finde es gut, dass der Finder seine Belohnung schon herausgenommen hat. Der ehrliche Finder beteuert aber, dass er nichts herausgenommen hat. Am Ende kommen die beiden vor den Richter. Der erkundigt sich bei dem Reichen, ob er 800 Taler verloren hat. Dann erkundigt er sich bei dem Finder, ob er 700 Taler gefunden hat. Beide beteuern, dass dem so sei. Dann fällt der Richter seinen Richterspruch: Es könne sich nicht um ein und denselben Beutel handeln. Er übergibt dem Finder das Geld, das der gefunden hat, und fordert den Reichen auf, so lange zu warten, bis einer seine 800 Taler gefunden hat.

Seite 36:

Aufgabe 1 (mögliche Lösung):

Der gestohlene 100-Euro-Schein

Diese Geschichte erzählt von einer Frau, die fälschlicherweise glaubt, dass ihr ein Mann beim Shopping in der Stadt einen Hundert-Euro-Schein gestohlen hat. Im Gedränge berührt ein Mann ihre Handtasche. Als sie im Kaufhaus an der Kasse bezahlen will, stellt sie fest, dass ihr das Geld fehlt. Das Glück will es, dass der Mann an der Kasse direkt hinter ihr steht. Sie verlangt von ihm, dass er ihr das Geld zurückgeben solle, und droht ihm mit einer Anzeige. Der Mann beteuert, sie nicht bestohlen zu haben, doch er gibt ihr, weil heute sein Glückstag sei, einen 100-Euro-Schein. Die Frau nimmt das Geld, denn sie glaubt ihm nicht. Als sie nach Hause kommt, liegt der ihr vergessener Geldschein auf dem Küchentisch. Sie schämt sich.

Seite 40:

Aufgabe 1 (mögliche Lösung):

Christina kritisiert fehlende Sitzgelegenheiten auf dem Schulhof.

Niklas schlägt Klettergerüste, einen Fußballkäfig und eine Skateranlage für den Schulhof vor.

Melike gibt zu bedenken, dass die SV erst klären muss, ob überhaupt Geld für die Schulhofgestaltung da ist.

Kai beantragt das Ende der Diskussion und fordert eine Abstimmung darüber, welche Vorschläge die 7d der SV machen wolle.

Seite 42:

Aufgabe 1 (mögliche Lösung):

- **fehlende Angabe im Protokollkopf:**
  Protokollant: Kevin Mertens
- **Prädikat im Einleitungssatz muss richtig lauten:**
  diskutiert
- **eigene Meinung des Protokollanten unter TOP 1:**
  Das ist mir auch schon aufgefallen, und ich finde, da muss unbedingt etwas passieren.
- **Kais Vorschlag unter TOP 1:**
  Kai schlägt vor, die Toiletten zu verschließen und den Toilettenschlüssel im Sekretariat zu deponieren. Schüler bekommen den Schlüssel nur, wenn sie sich in eine Liste eintragen.
- **zweiter Satz unter TOP 1, der gestrichen werden muss:**
  Ich glaube allerdings, dass dieser Betrag nicht ausreicht.
- **Lisas Vorschlag unter TOP 2:**
  Lisa macht den Vorschlag, dass jedes Geburtstagskind der Klasse statt Süßigkeiten ein Jugendbuch für die Klassenbücherei spendet. Das Buch wird von dem jeweiligen Geburtstagskind ausgesucht. Einige Schüler sind dagegen, weil sie lieber Süßigkeiten haben wollen. Trotzdem wird der Vorschlag mit 22 Ja-Stimmen bei 5 Neid-Stimmen und 2 Enthaltungen angenommen.
- **Prädikate unter TOP 3 müssen richtig lauten:**
  kritisieren, hinterlässt, will

Seite 45:

Aufgabe 2 (mögliche Lösung):

Das Servietten-Experiment

Für das Experiment benötigt man einen Eimer, ein Glas, Klarsichtfolie, eine Papierserviette und Wasser. Zuerst wird der Eimer mit Wasser gefüllt. Dann zerknüllt man eine Papierserviette und stopft sie fest in das leere Glas, sodass sie nicht herausfallen kann.

Das Glas wird mit der Öffnung nach unten senkrecht bis auf den Eimerboden getaucht. Anschließend zieht man es genauso gerade wieder aus dem Wasser heraus.

Wenn man die Serviette aus dem Glas entfernt, stellt man fest, dass sie nicht nass geworden ist. Wie lässt sich das erklären? Das Glas mit der Serviette ist mit Luft gefüllt, auch wenn man sie nicht sehen kann. Mit dem Aufsetzen des Glases auf die Wasseroberfläche wird die Luft im Glas eingeschlossen. Da die Luft nicht entweichen kann, gelangt kein Wasser in das Glas. Also ist die Serviette trocken.

Aufgabe 3 (mögliche Lösung):

(...) Wenn man nun die Serviette aus dem Glas entfernt, stellt man fest, dass sie nass geworden ist.

Wie lässt sich das erklären? Durch die Schräglage kann die im Glas befindliche Luft entweichen und Wasser dringt in das Glas ein. Also wird die Serviette nass.

Seite 48:

Aufgabe 5:

Durch die Wärme der Sonneneinstrahlung wird die ~~Kohäsion~~ / ~~Kristallisierung~~ / Verdunstung des Wassers in der Schale gefördert. Als ~~grauer~~ / unsichtbarer / ~~sichtbarer~~ Wasserdampf steigt es nach oben. Der Wasserdampf kondensiert an der ~~Luft~~ / ~~Außenseite~~ / Innenseite der Klarsichtfolie. Wassertropfen rinnen zum ~~schwersten~~ / tiefsten / ~~höchsten~~ Punkt der Folie und tropfen in das Glas. Das ~~im Wasserdampf~~ / ~~in der Luft~~ / im Wasser der Schale gelöste Salz kann nicht verdunsten. Da die Wassermenge in der Schale abnimmt / ~~zunimmt~~ / ~~ansteigt~~, kristallisiert das Salz und wird fest. Die Salzkristalle setzen sich am Boden der Schale ~~um~~ / ~~hin~~ / ab. Das Wasser im Glas ist reines ~~Mineralwasser~~ / Süßwasser / ~~Salzwasser~~.

Aufgabe 6 (mögliche Lösung):

Wasser entsalzen

Das Experiment führt man im Freien an einem warmen, sonnigen Platz durch. Benötigt werden eine flache Schale, ein Glas, ein Teelöffel, Klarsichtfolie, ein Kieselstein, Wasser aus der Leitung und Speisesalz.

Zunächst stellt man Salzwasser her. Dazu wird etwa 1 Liter Leitungswasser in die Schale gegossen und etwa 3 bis 4 Teelöffel Speisesalz hinzugefügt. Dann wird umgerührt und probiert: Das Wasser schmeckt salzig. Jetzt stellt man ein leeres Glas in die Mitte der Schale und deckt die Schale sorgfältig mit Klarsichtfolie ab. In die Mitte der Folie legt man einen kleinen Kieselstein, durch dessen Gewicht die Folie etwas durchhängt. Nun heißt es abwarten.

Nach einiger Zeit kann man beobachten, dass sich an der Innenseite der Folie Tröpfchen bilden, die zum tiefsten Punkt der Folie rinnen und in das leere Glas tropfen. Der Wasserstand in der Schale sinkt, während der Pegel im Glas steigt. Nach etlichen Stunden hat sich auf dem Boden der Schale ein weißer Belag abgesetzt: Salz, wie der Geschmackstest zeigt. Das Wasser hat sich im Glas gesammelt. Eine Kostprobe zeigt, dass es sich um Süßwasser handelt.

Wie lässt sich das erklären? Durch die Wärme der Sonneneinstrahlung wird die Verdunstung des Wassers in der Schale gefördert. Das Salz kann nicht verdunsten; es bleibt am Boden der Schale zurück. Der Wasserdampf steigt nach oben und kondensiert an der Innenseite der Folie zu Süßwasser-Tröpfchen. Sie rinnen zum tiefsten Punkt und tropfen in das Glas. In heißen und trockenen Küstengebieten, in denen Wassermangel herrscht, dient dieses Verfahren zur Trinkwassergewinnung.

Seite 50:
Aufgabe 2:
Pro: 1, 3, 4, 6, 9, 11, 13, 14, 15, 18
Contra: 2, 5, 7, 8, 10, 12, 16, 17, 19, 20
Aufgabe 3: rhetorische Fragen: 8, 9, 17; Appelle: 1, 10

Seite 51:
Aufgabe 1: Richtig sind a, d, f.

Seite 52:
Aufgabe 2:
Contra-Argumente:
... bequemer, als mit dem Rad oder dem Bus zu fahren ... (Z. 4–5)
Dann könne er länger schlafen ... (Z. 5–6)
Autofahren aber ist bequem und bringt den Menschen schnell von einem Ort zum anderen. (Z. 19–21)
Pro-Argumente:
Wenn weniger Autos unterwegs sind, gibt es weniger Lärm und Abgase. (Z. 23–25)
Fortbewegungsmittel wie Bus und Bahn sind klimafreundlicher als Fahrten mit dem eigenen Auto. (Z. 26–28)
Bewegung, z.B. beim Radfahren oder Zufußgehen, ist gesund. (Z. 28–29)
Es gibt weniger Verkehrsunfälle. (Z. 30)

Seite 53:

Raubritter

Georg Britting

Zwischen Kraut und grünen Stangen
Jungen Schilfes steht der Hecht,
Mit Unholdsaugen im Kopf, dem langen,
Der Herr der Fische und Wasserschlangen,
Mit Kiefern, gewaltig wie Eisenzangen,
Gestachelt die Flossen: Raubtiergeschlecht.

Unbeweglich, uralt, aus Metall,
Grünspanig von tausend Jahren.
Ein Steinwurf! Wasserspritzen und Schwall:
Er ist blitzend davongefahren.

Butterblume, Sumpfdotterblume, feurig, gelblich rot,
Schaukelt auf den Wasserringen wie ein Seeräuberboot.

Seite 55:
Aufgabe 1 (mögliche Lösung):
gut befreundet, gehen liebevoll miteinander um, vertraut, kümmern sich umeinander
Aufgabe 2:
Zeile 1–2: Genau genommen ist das seit Montagmorgen so, dass Isabel nicht mehr mit mir spricht.
Aufgabe 3:
Bestimmt ist sie sauer auf mich. Nur, mir fällt nicht ein, woran das liegen könnte. / Vielleicht hat ihr jemand etwas über mich erzählt, etwas Gemeines, Schlimmes. Und nun kann sie mich nicht mehr leiden.
Aufgabe 4:
Zeile 39: Nach dem Telefonieren geht es mir noch schlechter.

Seite 57:
Aufgabe 1:
Plötzlich sprang er auf einen zwölfjährigen Knaben zu, den Sohn des Kapitäns. Er riss ihm die Mütze herunter, setzte sie sich auf den Kopf und kletterte flink den Mast hinauf. Alle lachten, nur der Junge wusste nicht, ob er weinen oder lachen sollte. Der Affe setzte sich auf den ersten Querbalken des Mastes, nahm die Mütze ab und machte sich daran, sie mit den Pfoten und Zähnen zu zerreißen. Es war, als necke er den Knaben. Er zeigte mit den Fingern auf ihn und schnitt dabei drollige Fratzen. Der Knabe drohte ihm mit der Faust, doch der Affe zerrte noch wütender an der Mütze. Die Matrosen lachten noch lauter; der Knabe wurde rot, warf seine Jacke ab und stürzte dem Affen auf den Mast nach. In wenigen Sekunden hatte er die erste Rahe erklommen. In dem Augenblick aber, als er schon glaubte, die Mütze fassen zu können, war der Affe flinker und kletterte noch höher hinauf.
„Du entgehst mir doch nicht!", rief der Knabe und kletterte noch höher. Der Affe lockte ihn wieder zu sich und kletterte höher. Den Knaben hatte der Zorn gepackt, und er blieb ihm auf den Fersen. So erreichten die beiden in kürzester Zeit die Spitze des Mastes. Ganz oben streckte sich der Affe in seiner ganzen Länge aus, hielt sich mit der Hinterpfote an einem Tau fest und hängte die Mütze ans Ende der letzten Rahe. Er selbst erklomm die Mastspitze, schnitt dort

Grimassen, fletschte die Zähne und freute sich. Die Entfernung vom Mast bis zum Ende der Rahe, an der die Mütze hing, betrug etwa drei Meter, sodass man die Mütze nicht erreichen konnte, ohne den Mast und das Tau loszulassen.

Aufgabe 2:
Zeile 15–16: ... der Knabe wurde rot, warf seine Jacke ab und stürzte dem Affen auf den Mast nach. In wenigen Sekunden hatte er die erste Rahe erklommen.

Aufgabe 3:
Der Junge will die Rahe entlangbalancieren, an deren Ende der Affe die Mütze gehängt hat. Das ist gefährlich, weil der Junge dafür den Mast und das Tau loslassen muss, also leicht abstürzen kann. Außerdem dürfte es für ihn sehr schwer werden, am Ende der Rahe wieder umzukehren.

Aufgabe 4:
Zeile 39–40: Der Knabe kam durch diesen Schrei zu sich, blickte hinunter und wankte.

Aufgabe 5 (mögliche Lösung):
Der Kapitän hat große Angst, dass sein Sohn fällt und hinunter auf Deck stürzt, was seinen sicheren Tod bedeuten würde. Weil der bereits wankende Knabe jede Sekunde fallen könnte und selbst vor Angst zu keiner vernünftigen Entscheidung fähig ist, zwingt sein Vater ihn mit dem Gewehr dazu, ins Wasser zu springen. Solch einen kontrollierten Sprung kann der Junge wenigstens theoretisch überleben.

Aufgabe 6 (mögliche Lösung):
Die Angst um das Leben seines Sohnes hatte dem Kapitän einen furchtbaren Schrecken eingejagt. Erst nachdem sein Sohn gerettet ist, löst sich die verzweifelte Angst um das Leben seines Sohnes, sodass er seinen Gefühlen freien Lauf lassen kann. Mit diesem Gefühl der Freude, das ihn vor Erleichterung und Glück weinen lässt, möchte er ganz für sich allein sein.

Seite 58:
Aufgabe 1:
silbentrennendes h: Zehe, Rasenmäher, Schraubenzieher, Truhe, verleihen, fähig, sehenswert, umziehen, wehen
Dehnungs-h: Ausnahme, Belohnung, Bohnen, Druckfehler, Eckzähne, einnehmen, erfahren, aushöhlen, führen
kein h: sparen, spüren

Seite 59:
Aufgabe 2:
Eine nette Geste
Gestern war es *ungefähr* halb *zehn*. Ich stand am Fenster und *sah* auf die Straße. Noch immer herrschte starker *Verkehr*. Plötzlich fiel mir etwas auf. Eine alte Frau wollte die *Fahrbahn* überqueren. *Mehrere* Male hatte sie es schon probiert. Doch immer wieder *näherte* sich von rechts oder links ein *Fahrzeug*, sodass sie große *Mühe* hatte, auf den gegenüberliegenden *Gehweg* zu gelangen. In dem Moment *fuhr* ein *Radfahrer* um die Ecke. Er bemerkte die alte Frau, hielt an und *nahm* sie an die Hand und *führte* sie hinüber. Über diese nette Geste war die alte Frau *sehr froh*.

Seite 60:
Aufgabe 1:
stimmhaftes s immer als s: besonders, Insel, Wiese, Felsen, grasen, verweisen, Gänse, verlosen, reisen
stimmloses s nach langem Vokal als ß: grüßen, heißen, äußerst, Soße, Klöße, abgießen, Größe, versüßen, reißen
stimmloses s zwischen zwei kurzen Vokalen immer als ss: Drossel, entlassen, fassen, passen, verbessern, bissig, Blässe, müssen
Aufgabe 2: Knoße – die Soße, Schnasse – die Masse, Blüße – die Süße, Quösser – die Schlösser

Seite 61:
Aufgabe 3:
die Gase – das Gas, wir lasen – ich las, wir bliesen – ich blies, die Kreise – der Kreis, wir niesen – sie niest, die Lose – das Los, die Klöße – der Kloß, die Späße – der Spaß, wir aßen – ich aß, wir ließen – ich ließ, wir sind fleißig – der Fleiß, die großen Leute – groß, die heiße Milch – heiß, die Moose – das Moos
Aufgabe 4:
Im königlichen Palast
Zu allen Zeiten musste am englischen Königshof alles nach Protokoll ablaufen. Von den 300 Angestellten wird äußerste Präzision verlangt. Wehe, es vergisst jemand etwas! So darf z.B. ein Diener niemals das Lineal vergessen, mit dem er den Abstand von Messern und Gabeln nachmessen kann. Ob einer der Gäste wirklich weiß, dass sogar der Abstand zwischen den Rosenkohlröschen auf dem Teller gleich groß sein muss? Was für dieses Gemüse zutrifft, gilt auch für die Diener: Keiner von ihnen darf größer sein als 1,75 Meter!
Interessant ist auch, dass die 26 Zimmermädchen eines genau wissen: Niemals darf es passieren, sich beim Putzen eines Zimmers oder Bades von der Königin überraschen zu lassen. Notfalls muss das Mädchen sich sogar irgendwo verstecken. Die Königin darf keinen Hinweis darauf bekommen, wer ihr Zimmer sauber macht.

Seite 62:
Aufgabe 1:
Betonklotz, Sahneklecks, Jagdfalke, Bärentatze, Schulranzen, Regenwolke
Eisenbahnschranke, Volkstanz, Affenhitze, Heuschrecke, Bettdecke, Kinderarzt
Aufgabe 2:
Deutz: 2, Preetz: 2, Eickeloh: 2, Laucken: 2, Bentzin: 1, Glietz: 2, Koblenz: verstößt gegen keine Regel, Kassieck: 2, Falckenstein: 1

Seite 63:
Aufgabe 3:
Kor|ken, schnit|zen, äch|zen, glän|zen, We|cker, trin|ken, blö|ken, Ker|ze, Wal|ze, Rü|cken
Aufgabe 4:
Glocke, Fackel, Sakko, Zacken, Flocken, Akkusativ, Akkordeon, Stütze, Pizza, Mütze, Fratze, Skizze, Razzia, Puzzle
Aufgabe 5:
Geburtstagsgeschenke, Musik-CD, spitze, Stelzen, Pfütze

Seite 64:
Aufgabe 1:
a) Moritz ist *vom Laufen (2)* ganz müde geworden.
b) *Intensives Trainieren (4)* lohnt sich immer.
c) Lisa fällt *das Lernen (1)* leicht.
d) Florian, *dein Lachen (3)* ist wirklich ansteckend.
e) Lotte will uns heute Abend *besuchen*.
f) Jeden Morgen weckt uns *lautes Bellen (4)*.
g) *Beim Lernen (2)* konzentriert sich Franz.
Aufgabe 2:
Jeden Morgen dasselbe!
Das *Warten* auf den Schulbus ist jeden Morgen eine echte Freude. Wird er heute pünktlich *kommen*? Beim *Einsteigen* beginnt dann das große *Drängeln*. Der Fahrer will, dass wir uns dabei auch noch *beeilen*. Einen Platz zum *Sitzen* kann man vergessen.
An der nächsten Haltestelle beginnt wieder das *Schieben* und *Stoßen*. Man ist immer in Bewegung: Beim *Anfahren* kippt man nach hinten, beim *Bremsen* rutschen alle nach vorn. Nach dem *Aussteigen* weiß man: Das *Fahren* im Bus ist so schön!

Seite 65:
Aufgabe 1:
nichts Alltägliches, etwas Außergewöhnliches, das Beste, ins Grüne, ihr Grün, nichts Schöneres, etwas Blödes
Aufgabe 2:
Wir bieten Köstliches aus dem fernen Asien. Die Speisen sind vom Feinsten für den anspruchsvollen Geschmack. Für unsere Gäste ist das Beste gerade gut genug.

Seite 66:
Aufgabe 1 (mögliche Lösungen):
am Abend: am Sonntag, am Morgen, am Dienstag, am Nachmittag, am Vormittag ...
morgen Abend: heute Morgen, vorgestern Vormittag, gestern Nacht ...
gestern: vorgestern, heute, morgen, übermorgen
abends: morgens, vormittags, dienstags, donnerstags, sonntags, mittags ...
Aufgabe 2:
Felix bedeutet zwar der *Glückliche*, aber mein Freund Felix erlebt seit gestern gerade eine Pechsträhne. Schon am frühen Dienstagmorgen hat ihn eine Wespe gestochen, sodass er den ganzen Vormittag mit einem kühlenden Verband herumlaufen musste. Nachdem es ihm besser ging, wollte er nachmittags ins Freibad gehen. Er kam nicht weit, denn es fing an zu regnen. Der Dienstagnachmittag wurde nicht besser, denn bis in den Abend hinein suchte er seinen entflogenen Kanarienvogel. Spät am Abend wollte er noch für den Unterricht am nächsten Morgen ein Buch lesen. Leider war seine Suche nach diesem Buch auch um Mitternacht nicht beendet. Natürlich schlief er spät ein, sodass sich das Pech heute Morgen fortsetzte: Er hörte den Wecker nicht und kam erst vormittags zum Unterricht.

Seite 67:
Aufgabe 1:
a) Heute habe ich zum Fußballspielen *gar keine* Lust.
b) Carolin kommt *wie immer* zehn Minuten früher zum Treffpunkt.
c) Jakob hat Bauchschmerzen, weil er *zu viel* gegessen hat.
d) Lotte hat *genauso gute* Zensuren wie David.
e) Nach Philipps Sturz kamen ihm gleich zwei Jungen *zu Hilfe*.
f) Ich weiß nicht, *wie viele* Gäste zu meiner Geburtstagsfeier kommen.
g) Max musste einsehen, dass er für die Bio-Arbeit *zu wenig* gelernt hatte.
h) Um das Spiel zu gewinnen, müssen wir uns *so sehr* anstrengen wie noch nie!
i) Wenn der Film *zu Ende* ist, wird der Fernseher ausgeschaltet.
j) *Wie immer* freue ich mich, wenn wir im Sommer in die Ferien fahren.
Aufgabe 2 (mögliche Lösung):
Martin fragt laufend, *wie weit* es denn noch bis zur Hütte ist.

Lena hat die Frage *gar nicht* verstanden.
Auf das Theaterstück morgen freue ich mich *so sehr*.

Seite 68:
Aufgabe 3:
a) Er wird uns bestimmt *Bescheid sagen*.
b) Unsere holländischen Gäste werden bestimmt gut *Deutsch sprechen*.
c) Meine ältere Schwester wird heute zum ersten Mal *Auto fahren*.
d) Ich dachte noch, Nils wird mir bestimmt *Platz machen*.
Aufgabe 4:
Heute ist das Wetter so schön, dass wir auf das *Busfahren* verzichten. Dafür wollen wir wieder einmal *Rad fahren*. Hoffentlich tut beim *Radfahren* Annas Knie nicht weh. Das hat sie sich nämlich in unserem Winterurlaub beim *Skifahren* verletzt. Sie musste während des ganzen Urlaubs an Krücken gehen und mit dem *Bus fahren*. Abends konnten wir dann alle gemeinsam *Karten spielen*. Nun werden wir bald losfahren. Nach etwa zwei Stunden werden wir eine *Pause machen*. Wir wollen gemeinsam an einem Kiosk rasten und *Eis essen*.
Aufgabe 5:
a) spazieren gehen, b) stehen geblieben, c) hängen geblieben, d) liegen lassen, e) fallen lassen, f) schenken lassen, g) liegen geblieben

Seite 69:
Aufgabe 1:
a) Einmal fuhren wir auf einem Schiff nach Helgoland (,) und das Wetter war gar nicht so schlecht.
b) Erst sah es wirklich nicht schlimm aus, aber dann kam ein furchtbarer Sturm auf.
c) Sollten wir oben auf dem Deck bleiben (,) oder sollten wir nach unten gehen?
d) Ich bin eigentlich nicht ängstlich, sondern ich trau mich eher was.
e) Doch dann bekam ich es richtig mit der Angst, denn das Schiff schaukelte furchtbar.
f) Die Seekrankheit hatte mich voll im Griff (,) und du weißt sicher, was das heißt.

Seite 70:
Aufgabe 2:
Als ich das erste Mal in ein Flugzeug steigen sollte, war mir richtig schlecht.
Bevor wir durch die Sperre gingen, habe ich noch ein Glas Wasser getrunken.
Als wir dann aber im Flieger saßen, ging es mir schon besser.
Ich fand es richtig toll, *als* wir endlich über den Wolken angekommen waren.
Ich schaute aus dem Fenster, *weil* ich gern unser Haus erkannt hätte.
Obwohl die Landschaft klar zu erkennen war, habe ich es nicht entdeckt.
Wenn man es erst einmal selbst erlebt hat, ist das Fliegen sehr schön!

Seite 71:
Aufgabe 3:
2 Nachdem wir zwei Stunden geflogen waren, setzte der Flieger zur Landung an.
3 Wir mussten uns, wie es die Stewardess anordnete, anschnallen.
2 Während es im Sinkflug abwärtsging, wurde mir wieder etwas mulmig.
1 Ich musste mir die Ohren zuhalten, weil sie so weh taten.
1 Das Flugzeug flog durch die Wolkendecke, sodass ich den Hafen sehen konnte.
1 Dann gab es ein lautes Rumpeln, als der Flieger aufsetzte.
1 Wir mussten noch angeschnallt bleiben, bis die Maschine zum Stehen kam.
3 Einige Passagiere aber standen, obwohl es nicht erlaubt war, schon vorher auf.
1 Manche können es eben nicht abwarten, bis sie endlich aussteigen können.
Aufgabe 4:
Der Flieger setzte zum Sinkflug an, obwohl wir noch weit vom Ziel entfernt waren. Während wir immer tiefer hinabsanken, bekam ich einen Druck auf die Ohren, sodass ich sie mir zuhalten musste. Nachdem wir die Wolkendecke durchstoßen hatten, konnte ich die Schiffe im Hafen sehen. Als der Flieger aufsetzte, rumpelte es heftig. Dann kurvte das Flugzeug noch so lange auf dem Flugplatz herum, bis wir am richtigen Platz hielten.

Seite 72:
Aufgabe 1:
Ich glaube, dass ich meine Uhr verloren habe.
Ich bin mir sicher, dass ich sie vor dem Sport noch gehabt habe.
Ich weiß genau, dass ich sie beim Umziehen abgemacht habe.
Es ist am wahrscheinlichsten, dass ich sie in der Kabine vergessen habe.
Dass ich etwas vergesse, das passiert mir eigentlich selten.
Möglich ist auch, dass sie mir jemand gestohlen hat.
Ich vermute aber, dass es nicht so ist.

Dass sie jemand gefunden hat, ist ja immerhin auch möglich.

Und dann hoffe ich darauf, dass er sie beim Hausmeister abgegeben hat.

Jedenfalls wünsche ich mir, dass ich sie wiederbekomme.

Dass ich sie verbummelt habe, möchte ich auf keinen Fall zugeben.

Seite 73:
Im Restaurant

In einem Restaurant sitzt eine ältere Frau beim Essen. „Es zieht hier so", sagt sie fröstelnd zu sich selbst. „Kann man das nicht abstellen?" Nach einiger Zeit bittet sie den Kellner: „Könnten Sie die Klimaanlage etwas schwächer einstellen?" Der Kellner antwortet höflich: „Aber natürlich, meine Dame!" Nach zehn Minuten beginnt die Frau zu schwitzen. Sie sagt zu sich selbst: „Es ist hier so warm!" Sie wendet sich noch einmal an den Kellner und seufzt: „Würden Sie die Klimaanlage nicht doch wieder etwas höher einstellen?" „Gewiss doch", sagt der Kellner, „das wird sofort erledigt." Es vergeht nur wenig Zeit, da meldet sich die Dame wieder: „Ach, Herr Ober, stellen Sie doch die Klimaanlage wieder runter!" „Kein Problem", meint der Kellner. Da wendet sich ein Gast, der in der Nähe ist, an den Kellner. „Sagen Sie", fragt er, „sind Ihnen die vielen Wünsche der Dame und das ewige Hin und Her nicht lästig?" „Aber nein", flüstert der Kellner, „wir haben doch gar keine Klimaanlage."

Die Frau muss das, was der Kellner gesagt hat, aber gehört haben. Sie winkt ihn zu sich heran. „Dass Sie keine Klimaanlage haben", sagt sie, „ist mir von vornherein klar gewesen." Dann ergänzt sie: „Ich wollte nur einmal testen, wie freundlich die Bedienung hier ist." „Und?", fragt der Kellner. „Sie haben den Test bestanden", antwortet die Frau.

Seite 74:
Aufgabe 1:

Adjektive: liebes, große, kaputt, letzte, schlecht, schreckliche, miserabel, geblümten, typisch, spät, ernst

keine Adjektive: schon, draußen, unten, nämlich, gern, immer, beinahe

Aufgabe 2: a) als, b) als, c) wie, d) wie, als, e) als

Seite 75:
Aufgabe 2–7:

In den Text *Einkaufen früher* gehören folgende Sätze: 1, 4, 5, 8, 9, 12, 13, 16, 18, 19, 21, 23.

In den Text *Einkaufen heute* gehören folgende Sätze: 2, 3, 6, 7, 10, 11, 14, 15, 17, 20, 21, 22.

In beide Texte gehört der Satz 21 hinein.

Seite 76:
Aufgabe 3 (mögliche Lösung):

a) kam, b) bin gefahren, c) verlor, d) stürzte, e) hielt an, kam, f) zog, g) ist passiert, h) wollte, i) ist gegangen

Seite 77:
Aufgabe 1 (mögliche Lösung):

a) gehe, b) treffe, c) haben gesehen, d) haben gesetzt, e) hast gemacht, f) ziehen, g) gefällt, h) hat bekommen, i) wird gefallen, j) hat sich verliebt, k) umgezogen sind, l) werde mailen, m) besuche

Seite 78:
Aufgabe 1:

Reifenstecher gesucht

Reifen geparkter Autos wurden in Bergstadt durchstochen. Die platten Reifen wurden (von den Besitzern) meist erst im Straßenverkehr bemerkt. Dadurch wurden dann oft Unfälle verursacht. Deswegen sollten die Autos vor dem Einsteigen kontrolliert werden. Der Polizei wurden bisher zwölf solcher Fälle gemeldet. Die Bürger der Stadt werden aufgefordert, auf Verdächtige zu achten. Auffälligkeiten sollten umgehend gemeldet werden. Leider konnten die Täter bisher nicht (von der Polizei) gefasst werden.

Seite 79:
Aufgabe 1:

essen, ich aß, ich äße – finden, ich fand, ich fände – geben, ich gab, ich gäbe – gehen, ich ging, ich ginge – gelingen, es gelang, es gelänge – haben, ich hatte, ich hätte – halten, es hielt, es hielte – kommen, ich kam, ich käme – nehmen, sie nahm, sie nähme – rufen, ich rief, ich riefe – sehen, ich sah, ich sähe – sprechen, ich sprach, ich spräche – stehen, ich stand, ich stände – sein, ich war, ich wäre – sitzen, ich saß, ich säße – tun, ich tat, ich täte – werden, ich wurde, ich würde – zwingen, er zwang, er zwänge

Seite 80:
Aufgabe 1 (mögliche Lösung):

ließen, bewahrten, entgegenbringen würden, ausgäben, handelten, verhalten würden

Aufgabe 2:

Wenn ich könnte, was ich wollte!

Wenn ich nur nicht so viel sollte!

Wenn ich eine Freundin fände,

mir kein Feind im Wege stände!

Wenn genügend Geld ich hätte!

Wenn mir jeder Gutes täte!
Wenn man mir nur Lob zuspräche,
keine Freundschaft mehr zerbräche.
Wenn mir alles stets gelänge
und mich keiner zu was zwänge!
Ja, wie wäre ich dann froh!
Ach, ach, es geht auch so.

Seite 81:
Aufgabe 1:
Liebe Maren,
wir sind *vorgestern* im Schullandheim eingetroffen. Ein *bisschen* bin ich von dem Heim enttäuscht. *Überall* riecht es muffig. *Deswegen* habe ich *sofort* alle Fenster in unserem Zimmer geöffnet. Ich fühlte mich *danach* gleich besser. Ich bin mit Steffi in einem Zimmer untergebracht. Im Etagenbett schläft sie *oben* und ich *unten*. Das gefällt mir *sehr*, denn *so* kann ich schneller *draußen* sein. *Vormittags* haben wir *immer* vier Stunden Unterricht. Am Nachmittag erkunden wir *oft* die Umgebung. Die ist wirklich schön. *Jetzt* kommt Steffi. Das hätte ich ja *fast* vergessen. Wir wollen *zusammen* ins Dorf einkaufen gehen.
Aufgabe 2:
a) am nächsten Tag = morgen
b) in der Wohnung neben unserer = in der Wohnung nebenan
c) auf dem ganzen Hof verstreut = überall (auf dem Hof)
d) ohne Bezahlung = kostenlos
e) in wenigen Tagen = bald

Seite 82:
Aufgabe 1:
Ein hoher Baum steht neben unserem Haus. Der ist für unseren Kater schon manchmal die letzte Rettung gewesen. Auch gestern. Der Kater kletterte ängstlich auf den Baum, denn unter dem Baum rannte ein Hund herum und kläffte. Der Kater saß auf einem Ast und blickte ängstlich herunter. Der Hund sah zu dem Kater hoch und wartete. Doch nach einer Minute wurde es ihm zu langweilig. Er verschwand wieder in seiner Hundehütte. Der Kater oben auf/in dem Baum beobachtete alles aufmerksam. Und dann sprang er, trotz der Gefahr, die ja immer noch bestand, auf den Rasen hinunter. Er rannte durch den Garten – und weg war er.
Aufgabe 2:
Manchmal geht der Kampf zwischen unserem Kater und dem Hund nicht so gut aus. Einmal versuchte der Hund, dem Kater auf den Pelz zu rücken. Der Kater machte einen Buckel und setzte seine Tatzen gegen den Angreifer ein. Er schlug auf seinen Kopf und seine

Nase. Während des Kampfes gab es ein lautes Gebell und Katzengeschrei. Nach kurzem Getümmel gab der Hund auf. Er zog seinen Schwanz ein und flüchtete in seinen Hundekäfig. An seinem rechten Ohr hatte er eine Schramme. Der Kater legte sich als stolzer Sieger oben auf den Käfig – und blieb auf dem Käfig noch lange liegen.

Seite 83:
Aufgabe 1:
a) Tesha findet die Popgruppe echt super, aber mir gefällt die Musik nicht.
Tesha findet die Popgruppe echt super, während mir die Musik nicht gefällt.
b) Anna sollte zur Geburtstagsfeier ihres Onkels mitgehen, doch sie hatte keine Zeit dazu.
Anna sollte zur Geburtstagsfeier ihres Onkels mitgehen, obwohl sie keine Zeit dazu hatte.
c) Mein Bruder muss heute viel lernen, denn er schreibt morgen eine Physik-Arbeit.
Mein Bruder muss heute viel lernen, weil er morgen eine Physik-Arbeit schreibt.
d) Alex hatte sich beim Laufen an der Ferse verletzt (,) und er kam als Letzter ins Ziel.
Alex hatte sich beim Laufen an der Ferse verletzt, sodass er als Letzter ins Ziel kam.

Seite 84:
Aufgabe 2 (mögliche Lösung):
Letzte Woche nahm ich den Zug nach San Francisco. Damals benutzte ich zum ersten Mal eine Eisenbahn. Gut gelaunt sah ich aus dem Fenster. Besonders begeistert war ich von der weiten Landschaft. Mit großen Augen betrachtete ich die kühnen Brückenkonstruktionen. Plötzlich aber bremste der Zug mit kreischenden Rädern ab. Mit einem entsetzlichen Ruck kam er zum Stehen. Fast wäre ich vom Sitz geschleudert worden. Schüsse und lautes Geschrei zerfetzten die Stille. Gelesen hatte ich ja schon öfter von Eisenbahnräubern. Geglaubt hatte ich so etwas aber nicht. Etwa ein Dutzend wilder Gesellen ritt am Zug entlang. Ungestüm drängten einige in die Abteile hinein. Auf ihre wütenden Befehle hin musste ich meine Geldbörse abgeben. Genauso wie mir ging es allen Passagieren. Im nächsten Augenblick waren die Räuber wieder verschwunden. Zum Glück waren alle am Leben geblieben. Nach der Fahrt habe ich mich bei der Eisenbahngesellschaft beschwert. Zu hören bekam ich aber nur, zurzeit könne die Bahn nichts machen. Damals war das eben so.

Seite 86:

Aufgabe 1:

Dabei fanden die Zooforscher Folgendes heraus: Die ganz kleinen Kinder sahen am liebsten den Seehunden zu. Schulkinder beobachteten vor allem die Affen. Dagegen interessierte Jugendliche am meisten die Fütterung der Leoparden. Überraschenderweise sahen sich die Erwachsenen vor allem die Elefanten an. Diese Ergebnisse haben die Zooforscher sehr überrascht.

Seite 87:

1. Fledermäuse / sieht / man / besonders häufig / in der Dämmerung.
2. Dann / jagen / sie / Insekten.
3. Ihr Flug / sieht / etwas gespenstisch / aus.
4. Dennoch / sind / Fledermäuse / ganz harmlos.
5. Trotzdem / verabscheuen / manche Menschen / diese Flugkünstler.
6. Einige Leute / behaupten / sogar,
7. sie / glichen / Vampiren aus Schauergeschichten.
8. Natürlich / ist / das / unsinnig.
9. Der Natur / nutzen / diese fantastischen Insektenjäger / sogar.

2 Markiere in jedem Absatz mindestens eine wichtige Textstelle.

3 Ordne den folgenden Fachbegriffen die passende Definition zu,
indem du zu jedem Fachbegriff den richtigen Buchstaben notierst.

1 Zielgruppe   a) gezielte Beeinflussung von Menschen
2 Manipulation   b) Menschen, die als Kunden für ein Produkt infrage kommen
3 Konsumdruck   d) Verbraucher/Kunde
4 Konsument   c) Zwang, bestimmte Produkte unbedingt haben zu wollen

1	2	3	4

4 Hier sind sechs Zwischenüberschriften für sieben Textabschnitte.
- Schreibe die sechs Zwischenüberschriften über die richtigen Textabschnitte.
- Markiere in jedem Abschnitt eine Textstelle, die zeigt, dass die Überschrift
  auch wirklich zum Textabschnitt passt.
- Formuliere die fehlende siebte Zwischenüberschrift selbst.

Eine Gesellschaft ohne Werbung?   **Was Werbung will**
Werbung beeinflusst unser gesamtes Leben   **Der Slogan**
Woraus Werbung besteht   **Die Zielgruppe**

5 Welche dieser Aussagen stehen sinngemäß im Text?

                                                                ja   nein
1. Auch ohne Werbung würde unsere Wirtschaft gut funktionieren. ☐   ☐
2. Werbung weckt Wünsche, die wir uns durch Kaufen erfüllen möchten. ☐   ☐
3. Werbeanzeigen haben keine bestimmte Zielgruppe. Sie richten sich an alle. ☐   ☐
4. Werbung will uns unterhalten, informieren und zum Kaufen überreden. ☐   ☐
5. Werbung kann einen hohen Konsumdruck erzeugen. ☐   ☐
6. Werbung gibt es nahezu in unserem gesamten Lebensalltag. ☐   ☐

6 Notiere stichwortartig jeweils drei Vor- und Nachteile von Werbung.

Vorteile von Werbung   **Nachteile von Werbung**

_____   _____

_____   _____

_____   _____

7 Kreuze an, welche Absicht der Verfasser des Textes hat.

1. Der Verfasser will den Lesern deutlich machen, dass Werbung eine gute Sache ist. ☐
2. Er will die Leser sachlich und umfassend über Werbung informieren. ☐
3. Der Verfasser will zeigen, dass Werbung schlecht ist, weil sie uns manipuliert. ☐

→ **In der Ich-Form erzählen**

Ein Ereignis kann auf zweierlei Weise erzählt werden:

Der **allwissende Erzähler** weiß alles, sieht alles und kann in jede seiner Figuren hineinschauen und sagen, was sie fühlen und denken. Er schreibt seinen Text in der **Er-Form**.

Der **Ich-Erzähler** kann nur erzählen, was er selber miterlebt hat. Er kann nur von sich selbst sagen, was er fühlt und denkt. Er schreibt seinen Text in der **Ich-Form**.

1 Lies die folgende Geschichte durch. Unterstreiche die Stellen, in denen der Erzähler in andere Figuren hineinschaut.

Der Elefant im Safari-Park

nach einer Anekdote von
Rolf Wilhelm Brednich

erzählt in der Ich-Form

Ein Mann und eine Frau aus Hannover fuhren mit Tochter und Sohn in den Safari-Park. Die Mutter hatte Nüsse und Äpfel eingepackt, damit sie dort Tiere füttern konnten. Sie lasen zwar die Hinweise am Eingang: Tiere füttern verboten! Türen und Fenster geschlossen halten! – Doch keiner nahm das so richtig ernst.

Als sie in das Afrika-Land mit den Elefanten kamen, stand plötzlich ein kleiner Elefant neben dem Auto und fummelte mit seinem Rüssel an der Scheibe herum. Eines der Kinder öffnete, weil es nett sein wollte, die Scheibe und hielt dem Kleinen einen Apfel hin. Der Elefant schob ihn mit dem Rüssel in seinen Mund, wollte aber offenbar noch mehr von den schönen Früchten haben. Die Kinder gerieten in Angst, als er auf einmal seinen Rüssel durch die offene Scheibe hineinstieß und damit im Wageninnern nach Leckereien suchte. Da ließ eines der Kinder erschrocken die Scheibe wieder nach oben fahren, sodass der Rüssel des Elefanten eingeklemmt wurde.

Das machte den Elefanten aber so verrückt, dass er mit dem Bein gegen die Tür drückte, die auch sogleich eingebeult wurde. Geistesgegenwärtig öffnete der Vater die Scheibe wieder, und der Elefant konnte seinen Rüssel wieder herausziehen.

Am Wochenende besuchten wir mit unseren Eltern den Safari-Park. Dort wollte ich unbedingt auch die Tiere füttern. Deswegen hatte meine Mutter einige Äpfel und Nüsse eingepackt. ...

_____

Doch keiner von uns ... _____

_____

_____

Ich ... _____

_____

_____

_____

_____

_____

_____

_____

_____

Keiner hatte aber damit gerechnet, was dann geschah. Statt dass sich der Elefant dankbar zurückzog, schlug er mit seinem Rüssel so wütend auf das Autodach, dass es halb zertrümmert wurde. Nur mit Mühe konnte die Familie, indem die Mutter, die in Panik geriet, am Steuer Gas gab, dem Angriff des Elefanten entkommen.

Als der Vater voller Empörung den Schaden bei der Tierparkverwaltung meldete, wurde er darauf hingewiesen, dass man die Verbotsschilder nicht beachtet habe. Die Eltern mussten für den Schaden selbst aufkommen. Für die Kinder war aber das Erlebnis mit dem Elefanten unvergesslich – und nicht zu teuer bezahlt.

2 Wenn du diese Geschichte aus der Sicht eines der Kinder erzählst, dann müssen einige Sätze so verändert werden, dass sie in einer Form mit *ich* oder *wir* stehen. Probiere das einmal aus.

Doch keiner nahm das so richtig ernst.

Eines der Kinder öffnete, weil es nett sein wollte, die Scheibe und hielt dem Kleinen einen Apfel hin.

3 Versetze dich jetzt in die Rolle eines der Kinder und schreibe die ganze Geschichte in der Ich-Form auf.
- Manche Sätze kannst du so wiedergeben, wie sie schon da stehen.
- Sätze, die du auf jeden Fall verändern musst, sind markiert.
  Nur im letzten Absatz musst du das noch selbst tun.
- Du kannst vieles noch spannender erzählen, indem du wörtliche Reden einfügst.

→ **Inhaltsangabe: Wörtliche Reden zusammenfassen**

M

Wörtliche Reden zusammenfassen

In einem **Erzähltext** dienen **wörtliche Reden** dazu, dem Text **Dramatik** und **Anschaulichkeit** zu verleihen. Eine **Inhaltsangabe** als sachlicher Text verzichtet aber auf solche dramatischen Elemente. Sie gibt wörtliche Reden, wenn überhaupt, **indirekt** wieder oder mit Hilfe **redezusammenfassender Verben**.

Solche Verben, die den Inhalt einer Rede ausdrücken, sind zum Beispiel:
sich bedanken, bitten, behaupten, beteuern, bestimmen, beschimpfen, sich erkundigen, zurückweisen, fragen nach, bestätigen, bejahen, verneinen ...

Hier stehen sich eine Geschichte von Johann Peter Hebel und die Teile einer Inhaltsangabe gegenüber:

Der kluge Richter

nach Johann Peter Hebel

Ein reicher Mann hatte eine beträchtliche Geldsumme verloren. Er machte seinen Verlust bekannt und bot dem ehrlichen Finder eine Belohnung von hundert Talern an. Da kam bald ein ehrlicher Mann daher und sagte: „Deinen Beutel mit dem Geld habe ich gefunden. Dies wird er wohl sein. So nimm denn dein Eigentum zurück!"

Der andere machte ein fröhliches Gesicht und sagte: „Habt Dank, guter Freund!" Er zählte sein Geld nach und dachte indessen, wie er den ehrlichen Finder um seine versprochene Belohnung bringen könnte. Er sagte: „Es waren eigentlich 800 Taler in dem Beutel. Ich finde aber nur noch 700 Taler. Ihr werdet also Eure Belohnung schon herausgenommen haben. Das finde ich gut!"

Der ehrliche Finder, dem es weniger um die 100 Taler als um seine Ehrlichkeit ging, versicherte: „Ich hab den Beutel so gefunden, wie ich ihn bringe. Ich habe nichts herausgenommen. Ich weiß gar nicht, wie viel Geld in dem Beutel ist!"

Inhaltsangabe

Die Kalendergeschichte von Hebel erzählt, wie ein Richter einem ehrlichen Finder sein Recht gibt und einen Betrüger ins Unrecht setzt.

Ein reicher Mann hat einen Beutel mit 700 Talern verloren. Er meldet den Verlust und bietet eine Belohnung von 100 Talern an. Ein ehrlicher Finder sagt, er habe den Geldbeutel gefunden, und gibt ihn zurück.

Der andere zählt sein Geld nach. Er findet die 700 Taler, aber _____

_____

_____

_____

Der ehrliche Finder _____

_____

_____

_____

Am Ende kamen sie vor den Richter. Der sagte zu dem Mann: „Ihr habt also, wie Ihr aussagt, 800 Taler verloren. Ist das so?" Dann wandte er sich an den Finder und sagte: „Und Ihr habt einen Beutel mit 700 Talern gefunden. Ist das auch richtig?" Beide beteuerten, die Wahrheit gesagt zu haben.

Am Ende kommen die beiden vor den Richter. Der erkundigt sich bei

dem Reichen _____

_____

Dann erkundigt er sich bei dem Finder _____

_____

_____

Da urteilte der Richter: „Dann kann es nur so sein: Der eine hat einen anderen Beutel verloren, als der andere gefunden hat. Du, ehrlicher Freund, behalte also das Geld, das du gefunden hast." Und zu dem Reichen sagte er: „Und du musst eben so lange warten, bis einer kommt, der deine 800 Taler findet." So sprach der Richter, und dabei blieb es.

Dann fällt der Richter seinen Richterspruch. _____

_____

_____

_____

_____

1 Gib die wörtlichen Reden der Geschichte in verkürzter Form wieder.
Verwende dabei Verben, wie sie im Kasten auf Seite 34 stehen.

34

→ **Eine Inhaltsangabe ergänzen**

Inhaltsangabe

M

Inhaltsangaben sind **kurze** und **nüchterne Sachtexte**.
Sie **beschreiben** in knappen Worten, worum es vor allem geht:
- welche **Figuren** vorkommen,
- **Orte**, an denen die Geschichte spielt,
- wie die **Handlung** abläuft und wie sie ausgeht.

Inhaltsangaben erzählen nicht nach, sondern **informieren**.
Deswegen stehen sie im **Präsens**.
Inhaltsangaben sollen auch nicht spannend sein. Deswegen fassen
sie die wörtlichen Reden nur als **Ergebnis** zusammen.

Der gestohlene Hundert-Euro-Schein

Eine Frau ging in der Einkaufsstraße shoppen. Das war ein Trubel! Tausende Leute waren unterwegs, die sich die Schaufenster anschauten und in die Geschäfte drängelten. Manchmal wurde die arme Frau von Passanten geschubst und beiseite gedrängt. Einmal kam ihr ein Mann besonders nah und schien sich an ihrer Handtasche zu schaffen zu machen. Empört sah sie den Mann an und schüttelte mit dem Kopf. Als sie endlich in einem Kaufhaus einen Pullover gefunden hatte und ihn bezahlen wollte, stellte sie fest, dass ihr der Hundert-Euro-Schein fehlte, den sie zum Einkauf mitgenommen hatte. Sie dachte sofort an den Mann, der ihr zu nahe gekommen war. Das Glück wollte es, dass der direkt hinter ihr an der Kasse stand. Die Frau drehte sich nach ihm um und sagte wütend: „Sie haben mir vorhin auf der Straße hundert Euro aus der Handtasche gestohlen. Geben Sie sie mir sofort zurück, oder ich zeige Sie bei der Polizei an!" Der Mann schaute sie verblüfft an. Er sagte: „Das darf doch nicht wahr sein!" Dann aber lächelte er und sagte: „Sie irren sich! Ich habe Sie nicht bestohlen! Aber weil heute mein Glückstag ist, gebe ich Ihnen gern 100 Euro. Das macht mir nichts." Die Frau glaubte dem Mann kein Wort. Sie war sicher, den Dieb gestellt zu haben, und bezahlte. Als sie dann aber nach Hause kam, lag zu ihrer Überraschung das Geld auf ihrem Küchentisch. Sie musste es wohl vergessen haben. Da schämte sie sich doch ein bisschen!

Die Geschichte erzählt von einer Frau, die glaubte, _____

_____

Im Gedränge berührt ein Mann ihre Handtasche. _____

_____

_____

Als sie im Kaufhaus an der Kasse bezahlen will, … _____

_____

_____

Sie verlangt von dem Mann, … _____

_____

Der Mann beteuert, … _____

_____

_____

Als sie nach Hause kommt, … _____

_____

1 Markiere in der Geschichte, was du für die Inhaltsangabe unbedingt verwenden möchtest. Ergänze dann die Inhaltsangabe.

→ **Eine Inhaltsangabe zu einer Ballade schreiben**

John Maynard

Theodor Fontane

John Maynard!
„Wer ist John Maynard?"
„John Maynard war unser Steuermann,
Aus hielt er, bis er das Ufer gewann,
5 Er hat uns gerettet, er trägt die Kron,
Er starb für uns, unsre Liebe sein Lohn.
    John Maynard."

Die „Schwalbe" fliegt über den Eriesee,
Gischt schäumt um den Bug wie Flocken von Schnee;
10 Von Detroit fliegt sie nach Buffalo –
Die Herzen aber sind frei und froh,
Und die Passagiere mit Kindern und Fraun
Im Dämmerlicht schon das Ufer schaun,
Und plaudernd an John Maynard heran
15 Tritt alles: „Wie weit noch, Steuermann?"
Der schaut nach vorn und schaut in die Rund:
„Noch dreißig Minuten ... Halbe Stund."

Alle Herzen sind froh, alle Herzen sind frei –
Da klingt's aus dem Schiffsraum her wie Schrei,
20 „Feuer!" war es, was da klang,
Ein Qualm aus Kajüt und Luke drang,
Ein Qualm, dann Flammen lichterloh,
Und noch zwanzig Minuten bis Buffalo.

Und die Passagiere, bunt gemengt,
25 Am Bugspriet stehn sie zusammengedrängt,
Am Bugspriet vorn ist noch Luft und Licht,
Am Steuer aber lagert's sich dicht,
Und ein Jammern wird laut: „Wo sind wir? Wo?"
Und noch fünfzehn Minuten bis Buffalo.

30 Der Zugwind wächst, doch die Qualmwolke steht,
Der Kapitän nach dem Steuer späht,
Er sieht nicht mehr seinen Steuermann,
Aber durchs Sprachrohr fragt er an:
„Noch da, John Maynard?"
35   „Ja, Herr. Ich bin."
„Auf den Strand! In die Brandung!"
    „Ich halte drauf hin."
Und das Schiffsvolk jubelt: „Halt aus! Hallo!"
Und noch zehn Minuten bis Buffalo. –

40 „Noch da, John Maynard?" Und Antwort schallt's
Mit ersterbender Stimme: „Ja, Herr, ich halt's!"
Und in die Brandung, was Klippe, was Stein,
Jagt er die „Schwalbe" mitten hinein.
Soll Rettung kommen, so kommt sie nur so.
45 Rettung: der Strand von Buffalo!

Das Schiff geborsten. Das Feuer verschwelt.
Gerettet alle. Nur einer fehlt!

Alle Glocken gehen; ihre Töne schwelln
Himmelan aus Kirchen und Kapelln,
50 Ein Klingen und Läuten, sonst schweigt die Stadt,
Ein Dienst nur, den sie heute hat:
Zehntausend folgen oder mehr,
Und kein Auge im Zug, das tränenleer.

Sie lassen den Sarg in Blumen hinab,
55 Mit Blumen schließen sie das Grab,
Und mit goldner Schrift in den Marmorstein
Schreibt die Stadt ihren Dankspruch ein:
    „Hier ruht John Maynard! In Qualm und Brand
    Hielt er das Steuer fest in der Hand,
60   Er hat uns gerettet, er trägt die Kron,
    Er starb für uns, unsre Liebe sein Lohn.
    John Maynard."

Schreiben und Präsentieren

1 Vervollständige die folgenden Sätze zu einer Inhaltsangabe:

Die Ballade „John Maynard" von Theodor Fontane erzählt ... _____

_____

Das Schiff „Die Schwalbe" ist mit Passagieren auf dem Weg ... _____

_____

Alle Menschen auf dem Schiff ... _____

_____

Plötzlich ... _____

_____

Die Passagiere ... _____

_____

Der Steuermann ... _____

_____

Der Kapitän gibt dem Steuermann den Befehl ... _____

_____

Der Steuermann ... _____

_____

Das Schiff ... _____

_____

Die Passagiere ... _____

_____

Wenige Tage später ... _____

_____

Die Stadt errichtet ... _____

_____

2 Besprecht eure Ergänzungen in einer Schreibkonferenz.
Wie ihr das machen könnt, erfahrt ihr auf der nächsten Seite.

→ Eine Inhaltsangabe in einer Schreibkonferenz überarbeiten

Die Ballade „John Maynard" von Theodor Fontane erzählt von einem Schiffsunglück auf dem Eriesee, das durch <u>Unachtsamkeit des Steuermanns</u> entstanden ist.

Das stimmt nicht!

Das Schiff „Die Schwalbe" ist mit Passagieren auf dem Weg von Buffalo nach Detroit.

Alle Menschen auf dem Schiff sind happy und voller Hoffnung, bald den Hafen zu erreichen.

Plötzlich passiert auf dem Schiff ein Unglück. Feuer bricht aus. Das ganze Deck <u>wurde</u> in schrecklichen Qualm eingehüllt.

Hier muss das Präsens stehen!

Die Passagiere fragen immer wieder den Steuermann ängstlich: <u>„Wie weit noch?"</u>

Keine wörtlichen Reden!

Der Steuermann beruhigt die Leute und sagt: „Noch fünfzehn Minuten! Noch zehn Minuten!"

Der Kapitän gibt dem Steuermann den Befehl, das Schiff auf den Strand zu setzen.
Der Steuermann bringt das Schiff durch die Brandung.

Das Schiff wird dadurch zwar zerstört, aber die Passagiere werden fast alle gerettet. Nur der Steuermann stirbt.

Wenige Tage später wurde der Steuermann auf dem Friethof beerdigt. Hunderte von Menschen nehmen an der Beerdigung teil.
Die Stadt lässt einen Marmorstein auf seinem Grab errichten. Darauf ist ein Dankspruch an den Steuermann eingemeiselt.

1 In der linken Spalte könnt ihr die Inhaltsangabe eines Schülers lesen. Vieles daran ist ihm geglückt. Manches allerdings nicht.
- Unterstreicht Stellen, die ihr überarbeiten würdet. Einige Stellen sind bereits unterstrichen und mit Anmerkungen versehen.
- Schreibt eure eigenen Anmerkungen an den Rand dieses ersten Entwurfs – mit einem Partner oder in einer Schreibkonferenz. Achtet dabei auf folgende Aspekte:
→ Richtigkeit der Ereignisse: Stimmen alle Aussagen mit der Ballade überein?
→ Knappheit der Wiedergabe: Enthält der Bericht wirklich nur, was wichtig ist?
→ Grammatische Richtigkeit: Sind immer die richtigen Zeitformen gewählt?
→ Wortwahl: Enthält der Text nur Worte, die zu einer Inhaltsangabe passen?
→ Rechtschreibung: Enthält der Text Rechtschreibfehler?

2 Schreibe diese Inhaltsangabe in überarbeiteter Form auf.

→ **Gesprächsbeiträge in einem Protokoll verkürzt wiedergeben**

M

Gesprächsbeiträge in einem Protokoll verkürzt wiedergeben

In einem **Verlaufsprotokoll** wird auf wörtliche Rede verzichtet.
Was ein Sprecher in mehreren Sätzen wörtlich gesagt hat, wird in einem
Protokoll verkürzt zusammengefasst – oft nur in einem einzigen Satz.
Solche zusammenfassenden Sätze kann man mit verschiedenen
Satzanfängen im Präsens einleiten:

- Bastian meint, dass …
- Bastian weist … zurück.
- Bastian bestätigt, dass …
- Bastian schlägt vor, …
- Bastian kritisiert …
- Bastian befürwortet …

- Bastian teilt mit, …
- Bastian weist darauf hin, dass …
- Bastian erklärt, dass …
- Bastian fordert …
- Bastian erklärt sich bereit …
- Bastian lehnt … ab.

In der Klassenlehrerstunde spricht die Klasse 7d über
den **Tagesordnungspunkt (TOP) „Schulhofgestaltung"**,
denn die SV will den Schulhof attraktiver gestalten.
Aus diesem Grund hat die SV alle Klassen gebeten,
über diesen TOP in der Klassenlehrerstunde zu sprechen.

1 Lies dir zuerst durch, was die Schülerinnen und Schüler zu diesem TOP
wörtlich in der Klassenlehrerstunde gesagt haben.

- Markiere in den wörtlichen Schüleräußerungen nur das,
  was für das Protokoll wichtig ist.
- Fasse für das Protokoll die Kernaussage jeder Schüleräußerung
  in einem Satz zusammen.
- Leite die zusammenfassenden Sätze jeweils mit einem Satzanfang
  aus dem Merkkasten ein.

Das hat Christina gesagt:

„Also ehrlich, Leute. Unser Schulhof … das ist doch wirklich das Allerletzte. Wirklich!
In den Pausen oder in der Mittagsfreizeit – ja, was willst du denn da machen, frag ich
euch? Drei Bänke stehen da rum – für 600 Schüler! Da kannst du dich noch nicht mal
in die Sonne setzen und quatschen. Es gibt viel zu wenig attraktive Sitzgelegenheiten
auf unserem Schulhof! Das ist jedenfalls meine Meinung! Ehrlich!"

Was steht im Protokoll?

Christina kritisiert … _____

_____

_____

_____

_____

Das hat Niklas gesagt:

„Ich finde unseren Schulhof auch nicht toll. Der ist langweilig! Hier gibt's nichts, was man machen kann – nichts Sportliches, meine ich. Was hier fehlt, sind Klettergerüste. So 'nen Fußball-Käfig fänd ich auch toll, oder – Mann, das wär ja der Wahnsinn! – 'ne Skateranlage, das wär doch der Hammer! Das sollten wir der SV mal vorschlagen!"

Was steht im Protokoll?

_____

_____

_____

_____

_____

Das hat Melike gesagt:

„Habt ihr euch eigentlich mal Gedanken gemacht, was das alles kostet? Ich fände ja einen Fußball-Käfig, eine Kletterwand und eine Skaterbahn auch klasse! Aber: Ist denn dafür überhaupt Geld da? Ich denke, die Stadt hat kein Geld. Stand doch letzte Woche erst in der Zeitung, oder? Bevor wir hier Wahnsinnsvorschläge machen, muss die SV doch zuerst mal klären, ob überhaupt Geld für die Schulhofgestaltung da ist. Sonst planen wir hier rum, und nachher heißt es: ‚Sorry, kein Geld da!' Und dann war's das."

Was steht im Protokoll?

_____

_____

_____

_____

Das hat Kai gesagt:

„Das sind doch jetzt schon 'ne ganze Menge guter Vorschläge. Ich finde, wir haben jetzt genug über diesen Tagesordnungspunkt geredet. Es klingelt in 'ner Viertelstunde, und wir müssen auch noch über zwei andere TOPs reden – sonst werden die schon wieder auf nächste Woche vertagt. Also, ich beantrage das Ende der Diskussion. Und ich beantrage, jetzt abzustimmen, welche Vorschläge unsere Klasse der SV für die Schulhofgestaltung machen will. Unsere Klassensprecher Jana und Stefan können das dann an die SV weiterleiten. Wäre das okay?"

Was steht im Protokoll?

_____

_____

_____

_____

→ Ein Verlaufsprotokoll überarbeiten und ergänzen

M

Verlaufsprotokoll

Verlaufsprotokolle sind **sachliche Zusammenfassungen** über den **Verlauf und die Beschlüsse** einer Sitzung. Sie werden hauptsächlich im **Präsens** geschrieben. Auf wörtliche Rede wird ganz verzichtet. **Wichtige Gesprächsbeiträge werden nur kurz zusammengefasst.** Ein Verlaufsprotokoll besteht aus den folgenden Teilen:
* **Protokollkopf:** Datum, Ort, Zeit, anwesende bzw. abwesende Teilnehmer, Protokollant / Protokollantin
* **Gesprächsthema** oder **Tagesordnungspunkte**
* **Sachliche Zusammenfassung** des Verlaufs und der Beschlüsse. Dazu wird zu jedem Tagesordnungspunkt (TOP) ein kurzer zusammenhängender Text geschrieben.
* **Ort und Datum / Unterschrift des Protokollanten**

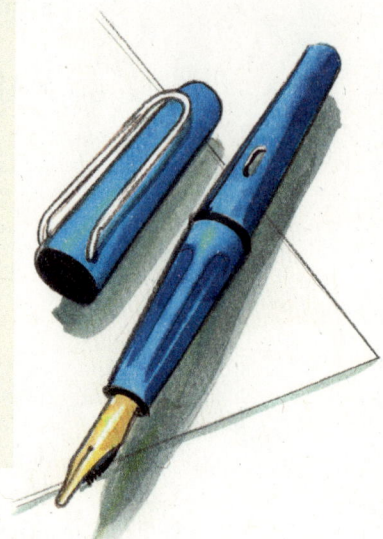

1 Das folgende Verlaufsprotokoll muss noch überarbeitet und ergänzt werden. Die Überarbeitungshinweise am rechten Rand sagen dir, was du tun sollst.

Europaschule Langerwehe   Klasse 7d

Hinweise zur Bearbeitung:

Verlaufsprotokoll
der Klassenlehrerstunde vom 14.04.20...

Raum: Klassenraum 7d   **Zeit:** 3. Stunde

abwesend: Angelina, Jens, Yasin   _____

→ Im Protokollkopf fehlt der Protokollant: Kevin Mertens

Am 14. April 20... diskutierte _____ die

Klasse 7d in der Klassenlehrerstunde die folgenden Tagesordnungspunkte:

→ Falsche Zeitform! Streiche das Prädikat durch und setze es im Präsens ein.

TOP 1: Schülertoiletten
Viele Schülerinnen und Schüler berichten über unzumutbare Zustände auf den Schülertoiletten. Manche Schüler gehen in der Schule überhaupt nicht mehr auf die Toiletten, weil sie ihnen zu schmutzig sind. Das ist mir auch schon aufgefallen, und ich finde, da muss unbedingt etwas passieren. Die Klasse kritisiert folgende Missstände:
* mutwillig verschmutzte Toiletten,
* Sachbeschädigungen, z. B. defekte Türen und Toilettensitze,
* oft kein Toilettenpapier und keine Papierhandtücher.

→ Die eigene Meinung des Protokollanten gehört nicht in ein Protokoll. Streichen!

Kai meint dazu: „Ich schlage vor, die Toiletten ganz einfach abzuschließen. Der Schlüssel wird dann im Sekretariat deponiert. So einfach ist das! Wenn einer zur Toilette muss, dann muss er sich eben den Schlüssel im Sekretariat holen. Und er muss sich natürlich da in eine Liste eintragen. Das geht dann nicht anders! Ihr werdet sehen, wenn wir das machen, dann haben wir ruck, zuck weniger Sachbeschädigungen und Verschmutzungen. Da bin ich sicher. Na, was haltet ihr von meinem Vorschlag? Der ist doch gut, oder?"

→ Keine wörtliche Rede in einem Protokoll! Streiche zuerst alles Überflüssige weg.

Kai schlägt vor, ...

_____

_____

_____

_____

→ Fasse dann Kais Vorschlag in höchstens zwei Sätzen zusammen!

Raja und Sejla weisen darauf hin, dass es an einer Nachbarschule seit einem halben Jahr eine Toilettenfrau gibt. Seitdem sind mutwillige Verschmutzungen und Sachbeschädigungen deutlich zurückgegangen. Raja und Sejla erklären sich bereit, in der Nachbarschule nachzufragen, wie die Toilettenkraft dort finanziert wird. Die Mehrheit der Klasse wäre bereit, ein Toilettengeld in Höhe von 0,20 € zu bezahlen, um eine Toilettenkraft einzustellen. Ich glaube allerdings, dass dieser Betrag nicht ausreicht. In der nächsten Klassenlehrerstunde soll erneut über diesen TOP gesprochen werden. Die Klasse will der Schulleitung dann offiziell vorschlagen, eine Toilettenkraft einzustellen.

→ In diesem Abschnitt muss ein Satz gestrichen werden.

TOP 2: Klassenbücherei
Nils und Mareike möchten die Klassenbücherei nicht mehr weiter betreuen. Lars und Lisa erklären sich bereit, dieses Amt zu übernehmen. Lisa macht den Vorschlag, ...

_____

_____

_____

_____

→ Ergänze die fehlenden Informationen:
- Geburtstagskinder der Klasse: Buchspende statt Süßigkeiten
- Einwände einiger Schüler: lieber Süßigkeiten
- Abstimmung: 22 Ja-Stimmen, 5 Nein-Simmen, 2 Enthaltungen.

TOP 3: Verschiedenes

Jana und Till kritisierten _____, dass der

Französisch-Kurs den Klassenraum immer sehr unordentlich hinterlassen hatte

_____. Der Klassenlehrer wollte

_____ deswegen mit der Französisch-Lehrerin reden.

→ Falsche Zeitform! Streiche alle Prädikate durch und schreibe sie im Präsens auf.

Langerwehe, den 15.04.20...

_____
Protokollant: Kevin Mertens

→ **Eine Versuchsbeschreibung überarbeiten**

Versuchsbeschreibung

In Versuchsbeschreibungen werden Experimente so **beschrieben**, dass jeder sie in gleicher Weise durchführen kann. Anschließend werden sie verständlich erklärt.
Versuchsbeschreibungen werden in **vier Abschnitte** gegliedert.
Im **1. Abschnitt** wird beschrieben, was man braucht und wie der Versuch aufgebaut wird.
Im **2. Abschnitt** wird beschrieben, wie der Versuch durchgeführt wird.
Im **3. Abschnitt** wird das Versuchsergebnis beschrieben: das, was man beobachtet.
Im **4. Abschnitt** wird das Versuchsergebnis mit Hilfe von Vorwissen **erklärt**.
Die Sprache der Versuchsbeschreibung ist sachlich und genau. Es werden Fachwörter verwendet. Man schreibt im Präsens und wählt unpersönliche Formen *(man-Form, Passiv-Form)*.

1 Lies die folgende Versuchsbeschreibung aufmerksam.
Mach das „Servietten-Experiment" möglichst selbst einmal nach.

Das Servietten-Experiment

Für das Experiment werden ein Eimer, ein Glas, eine Papierserviette und Wasser benötigt.

Der Eimer wird mit Wasser gefüllt. Die Papierserviette wird zerknüllt und fest in das leere Glas gestopft, sodass sie nicht herausfallen kann.

 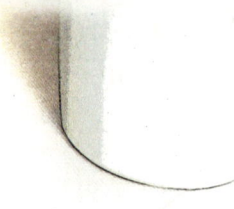

Das Glas wird mit der Öffnung nach unten senkrecht bis auf den Eimerboden getaucht. Das Glas wird genauso gerade wieder aus dem Wasser herausgezogen.

Das Servietten-Experiment

Für das Experiment braucht man _____

_____

_____

_____

Zuerst _____

_____

_____

_____

_____

_____

_____

_____

Wenn die Serviette aus dem Glas entfernt wird,
stellt man fest, dass sie nicht nass geworden ist.

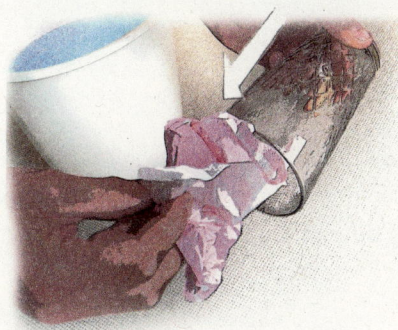

_____

_____

_____

_____

_____

Wie lässt sich das erklären? Das Glas mit der
Serviette war mit Luft gefüllt, auch wenn man sie
nicht sehen konnte. Mit dem Aufsetzen des Glases
auf die Wasseroberfläche wurde die Luft im Glas
eingeschlossen. Weil die Luft nicht entweichen
konnte, gelangte kein Wasser in das Glas.
Also war die Serviette trocken.

Das Glas mit der Serviette ist _____

_____

_____

_____

_____

_____

_____

_____

_____

_____

_____

_____

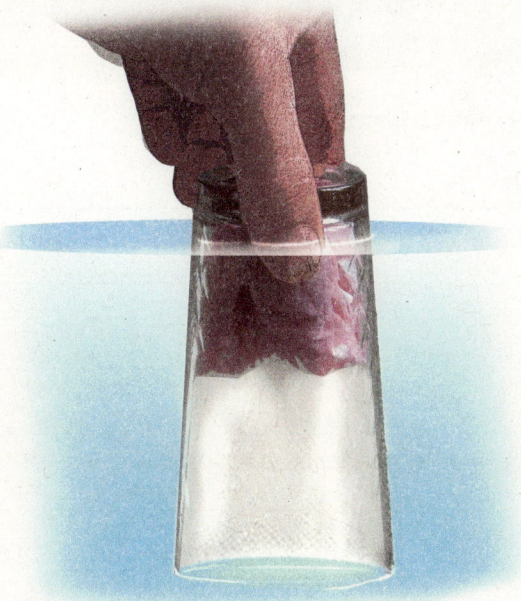

2 Der Text dieser Versuchsbeschreibung wirkt etwas eintönig.
Überarbeite ihn.
- Der beschreibende Teil enthält fast ausschließlich Passivformen:
  Formuliere einige Sätze in der man-Form.
- Viele Sätze sind nicht gut miteinander verbunden:
  Beginne deshalb einige Sätze mit Wörtern wie
  zunächst, dann, nun, anschließend ...
- Im erklärenden Teil stehen die Verben in den Zeitformen
  der Vergangenheit: Setze sie ins Präsens.
- Schreibe den überarbeiteten Text auf die freien Zeilen rechts.

3 Führe das Experiment einmal folgendermaßen durch:
Tauche das Glas mit der Serviette ein weiteres Mal in das Wasserbecken.
Halte diesmal aber das Glas **schräg**.
- Was stellst du fest?
- Beschreibe und erkläre das Versuchsergebnis in deinem Heft.

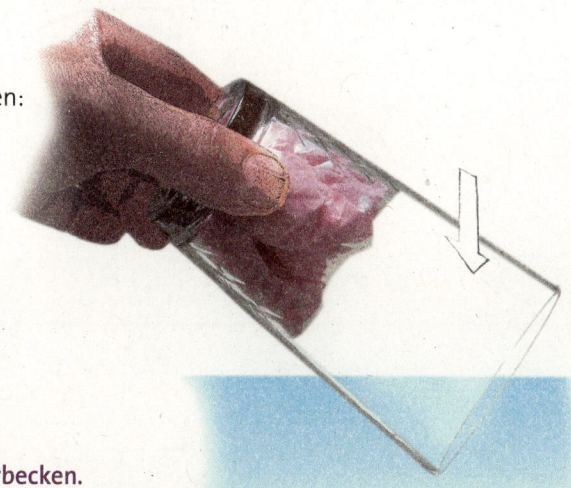

→ Einen Versuch beschreiben und erklären

Auf unserer Erde ist Trinkwasser knapp. Salzwasser gibt es dagegen reichlich, doch Salzwasser kann man nicht trinken. Der folgende Versuch zeigt dir, wie man aus Salzwasser trinkbares Süßwasser gewinnen kann. In vielen heißen und trockenen Küstengebieten, in denen Wassermangel herrscht, wird dieses Prinzip zur Trinkwassergewinnung genutzt.

1 Das Experiment zur Wasserentsalzung sollte man im Freien an einem warmen, sonnigen Tag durchführen. Sieh dir die folgenden acht Bilder erst einmal genau an.

Wasser entsalzen

1. _____

_____

_____

_____

_____

2. _____

_____

_____

_____

_____

3. _____

_____

_____

_____

4. _____

_____

_____

_____

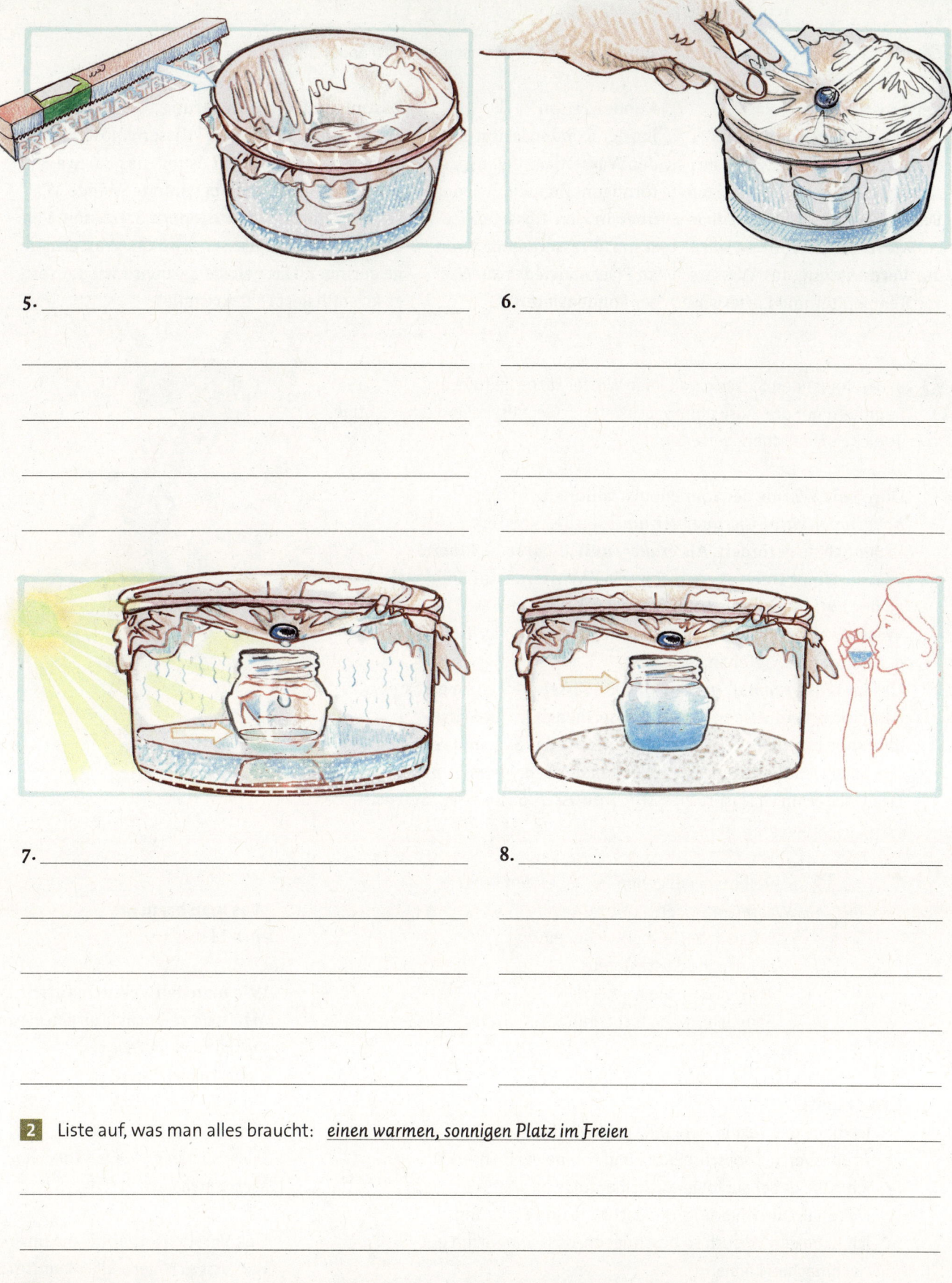

5. _____

_____

_____

_____

_____

6. _____

_____

_____

_____

_____

7. _____

_____

_____

_____

_____

8. _____

_____

_____

_____

_____

2 Liste auf, was man alles braucht: *einen warmen, sonnigen Platz im Freien* _____

_____

_____

3 Notiere zu jedem der acht Bilder Stichwörter. Schreibe sie auf die freien Linien darunter.
Diese Wörterliste kann dir dabei helfen:

abdecken, abdichten
absetzen
bilden sich
durchhängen, Gewicht
kondensieren

kristallisieren, Salzkristalle
lösen sich, Lösung, gelöst
Mitte, mittig
rinnen zum tiefsten Punkt
sammeln sich

schmecken, Geschmacksprobe,
Kostprobe
sinken, steigen, tropfen
verdunsten, Wasserdampf
Wasserstand (Pegel)

4 Nutze die folgenden Informationen, um dir das Versuchsergebnis zu erklären.

Verdunstung

Wasser kann verdunsten. Bei der Verdunstung wird aus flüssigem Wasser gasförmiger **Wasserdampf**, der unsichtbar ist wie Luft. Beeinflusst wird die **Verdunstung** des Wassers von Temperatur und Luftdruck.

Kondensation

Bei der **Kondensation** geht der Wasserdampf vom gasförmigen Zustand wieder über in den flüssigen Zustand: Wasserdampf kann an Flächen wieder zu Wasser kondensieren.

Lösung und Kristallisierung

Salzkristalle werden in Wasser gelöst, es entsteht eine salzhaltige Lösung, das Salzwasser. Allerdings kann eine bestimmte Menge Wasser nur eine bestimmte Menge Salz lösen. Verdunstet nun das Wasser, wird die Wassermenge geringer. Das gelöste Salz wird wieder fest, es kristallisiert (Salzkristalle).

5 In den folgenden Sätzen sind einige Wörter *kursiv* gedruckt.
Es gibt immer drei Auswahlmöglichkeiten: zwei falsche und eine richtige.
Streiche die falschen Wörter durch.

Durch die Wärme der Sonneneinstrahlung wird die
Kohäsion/Kristallisierung/Verdunstung des Wassers
in der Schale gefördert. Als *grauer/unsichtbarer/sichtbarer*
Wasserdampf steigt es nach oben. Der Wasserdampf kondensiert
an der *Luft/Außenseite/Innenseite* der Klarsichtfolie.
Wassertropfen rinnen zum *schwersten/tiefsten/höchsten* Punkt
der Folie und tropfen in das Glas.
Das *im Wasserdampf/in der Luft/im Wasser* der Schale gelöste Salz
kann nicht verdunsten. Da die Wassermenge in der Schale
abnimmt/zunimmt/ansteigt, kristallisiert das Salz und wird fest.
Die Salzkristalle setzen sich am Boden der Schale *um/hin/ab*.
Das Wasser im Glas ist reines *Mineralwasser/Süßwasser/Salzwasser*.

6 Schreibe einen eigenen Text über den Versuch
„Wasser entsalzen".
  • Schau dabei immer wieder einmal
    auf die Checkliste unten.
  • Als weitere Hilfe kannst du die
    Formulierungen rechts nutzen.

Was man braucht:
etwa 1 l Wasser …

Wie man den Versuch durchführt:
*Man stellt eine Schale an einen warmen,
sonnigen Ort im Freien.
Zunächst gießt man …*

Was man beobachtet:
*Nach mehreren Stunden kann man
beobachten, dass …*

Das Versuchsergebnis erklären:
*Wie lässt sich nun erklären, dass sich
Süßwasser sammelt? Durch die Wärme
der Sonneneinstrahlung wird …*

CHECKLISTE:

✓ Ich habe den Text in zwei Teile gegliedert:
   in eine Versuchsbeschreibung und in eine Versuchserklärung.

✓ Ich habe dabei auf folgende Reihenfolge geachtet:
   Material, Durchführung, Beobachtung und Erklärung.

✓ Ich habe den Versuch so beschrieben, dass andere ihn gut
   nachmachen können.

✓ Ich habe das Versuchsergebnis mit Hilfe von Vorwissen
   so genau erklärt, dass andere es verstehen können.

✓ Ich habe sachlich und präzise formuliert und passende
   Fachwörter verwendet.

✓ Ich habe im Präsens geschrieben.

✓ Ich habe unpersönliche Formen gewählt *(man-Form, Passiv-Form)*.

✓ Ich habe sauber geschrieben und auf die korrekte Rechtschreibung
   und Zeichensetzung geachtet.

→ **Argumente untersuchen und für einen Leserbrief nutzen**

M

Leserbriefe: Stellungnahmen geben – Standpunkte vertreten

In Leserbriefen äußern Zeitungsleser ihre Meinung – oft zu aktuellen Themen, über die in den Medien berichtet wurde. Zwar gibt es für Leserbriefe keine vorgeschriebene Form, meistens enthalten sie jedoch **Argumente, Bewertungen, Forderungen** oder **Appelle** (Aufrufe).
Ein häufig verwendetes **Stilmittel** in Leserbriefen ist die **rhetorische Frage** (eine Frage, auf die keine Antwort erwartet wird).

1 Hausaufgaben sind bei vielen Schülern nicht gerade beliebt.
Auf einer Schulhomepage hat jemand sogar gefordert, sie ganz abzuschaffen.
Bei einer Umfrage der SV ergaben sich dazu folgende Meinungsäußerungen.
Lies sie dir erst einmal aufmerksam durch.

Hausaufgaben sollten abgeschafft werden!

Ja, denn Hausaufgaben sind ungerecht: Bei einigen können die Eltern helfen, andere haben keine Hilfe. Schafft die Hausaufgaben endlich ab! (1)

Auf keinen Fall. Hausaufgaben sind wichtig für das Üben. (2)

Hausaufgaben sind oft zu schwierig. Dann hat manchmal die ganze Familie Stress. (3)

Ja, weil bei Hausaufgaben der Lehrer sowieso nicht kontrollieren kann, ob der Schüler sie selbstständig gemacht hat. (4)

Dann haben die Schüler am Nachmittag Langeweile und kommen nur auf dumme Gedanken. (5)

Unsere Lehrerin kriegt immer schlechte Laune, wenn wieder so viele ihre Hausaufgaben vergessen haben. (6)

Zu Hause habe ich einfach mehr Ruhe, um mich z. B. auf ein Referat vorzubereiten oder um ein Gedicht auswendig zu lernen. (7)

In der Schule hat man viel zu wenig Zeit zum Üben und Wiederholen. Und wer kann in der Schule schon ein ganzes Buch lesen? (8)

Viele Schüler machen die Hausaufgaben im Bus oder schreiben sie noch schnell in der Pause ab. Ist das etwa sinnvoll? (9)

Nein, dann würden die Schüler viel zu wenig lernen. Lasst die Hausaufgaben so bestehen, wie sie sind! (10)

Ja, weil wir oft bis in den Nachmittag Unterricht haben und erst spät heimkommen. (11)

Nein, Hausaufgaben sind wichtig für das selbstständige Lernen. (12)

Wegen nicht gemachter oder abgeschriebener Hausaufgaben gibt es immer wieder Ärger mit den Eltern. (13)

Lieber ein bisschen länger Schule und dafür keine lästigen Hausaufgaben, die doch nichts bringen. (14)

Nach der Schule möchte ich Freizeit haben, z. B. für meinen Fußballverein. Da will ich nicht mehr an die Schule denken müssen. (15)

Nein, manchmal verstehe ich den Stoff erst richtig, wenn ich Hausaufgaben mache. (16)

Hausaufgaben sind doch ganz normal. Wann und wo soll man denn sonst Vokabeln lernen oder für die nächste Mathearbeit üben? (17)

Mein Freund lädt sich die Hausaufgaben oft einfach aus dem Internet runter. Richtig lernen tut man dabei wohl nichts. (18)

Hausaufgaben sind sinnvoll, weil man dadurch mehr lernt. Und das ist wichtig für später. (19)

Wir machen unsere Hausaufgaben oft zu mehreren. Dann sind sie gar nicht mehr so schlimm. Manchmal machen sie sogar Spaß. (20)

2 Welche Meinungsäußerungen auf Seite 49 stimmen der Forderung
Hausaufgaben sollten abgeschafft werden! zu? Notiere die Zahlen.

_____ (Pro-Argumente)

Welche Meinungsäußerungen lehnen die Forderung ab? Notiere die Zahlen.

_____ (Contra-Argumente)

3 Drei Meinungsäußerungen enthalten rhetorische Fragen. Notiere die Zahlen. _____

Zwei Meinungsäußerungen enthalten Appelle. Notiere die Zahlen. _____

4 Was hältst du von der Forderung, die Hausaufgaben abzuschaffen?
Markiere die Pro- oder Contra-Argumente, die **deiner** Meinung
entsprechen.

5 Stell dir vor, dass auf der Homepage deiner Schule die Forderung
der Schülervertretung diskutiert wird, Hausaufgaben abzuschaffen.
Vertritt deinen Standpunkt und schreibe einen Leserbrief.
Nutze dazu das folgende Textgerüst:

1. Thema nennen, eigenen Standpunkt äußern:	Unbeliebte Hausaufgaben einfach abschaffen! Also, meiner Meinung nach ist diese Forderung der Schülervertretung *eine super / keine gute* Idee.
2. Mit einigen Argumenten untermauern:	Ich finde es *richtig / falsch*, wenn es keine Hausaufgaben mehr gibt, weil … Ganz besonders wichtig … Außerdem darf man nicht vergessen, dass …
3. Ein überzeugendes Beispiel finden:	In meiner Klasse … Daran sieht man deutlich, … Ich kann mir zum Beispiel *sehr gut / überhaupt nicht* vorstellen …
4. Zum Abschluss … *entweder* die eigene Meinung noch einmal bekräftigen:	Mein Standpunkt steht fest. An unserer Schule sollen die Hausaufgaben *sofort / auf gar keinen Fall* abgeschafft werden, denn ich halte das für eine *sinnvolle / längst überfällige / sehr schädliche* Maßnahme.
oder die eigene Meinung mit einer Forderung verbinden:	Ich meine, dass es an unserer Schule *keine / auch weiterhin* Hausaufgaben geben sollte. Allerdings sollten die *Lehrer / Schüler / Eltern* darauf achten …
oder eine rhetorische Frage stellen:	Selbstständig lernen, auch ohne Hausaufgaben – *warum sollte das nicht funktionieren? Wohin soll das führen? Wer kann das verantworten?*
oder appellieren:	Liebe *Lehrer / Eltern / Mitschüler*, bitte *setzt euch dafür ein / verzichtet auf* …

6 Schreibe einen ironischen Leserbrief. Dann musst du aber das Gegenteil
so stark übertreiben, dass jeder die Ironie versteht:
- Unsere geliebten Hausaufgaben abschaffen? Niemals!
  Wir Schüler bekämen glatt Entzugserscheinungen …
- Na toll! Diese ach so coole Idee unserer Schülervertretung …

→ **Zu einem Zeitungsartikel einen Leserbrief schreiben**

Autofreier Tag am 22. September

In manchen Städten werden am autofreien Tag einzelne Straßen für den Autoverkehr gesperrt.

Jedes Jahr am 22. September ist „Autofreier Tag". Mit der Aktion soll darauf aufmerksam gemacht werden, dass es auch ohne Auto geht.

Julians Schule liegt zwei Kilometer von seinem Wohnort entfernt. Jeden Morgen bringt ihn seine Mutter mit dem Auto zur Schule. Das sei bequemer, als mit dem Rad
5 oder dem Bus zu fahren, sagt sie. Dann könne er länger schlafen, sagt Julian. Heute aber bleibt das Auto in der Garage. Julian fährt ausnahmsweise mal mit dem Fahrrad. Denn heute ist ein autofreier Tag.
10 Der „Autofreie Tag" ist ein Aktionstag, der weltweit in vielen Städten und Gemeinden stattfindet. Viele Umweltverbände unterstützen diesen Tag. Sie empfehlen, das Auto stehen zu lassen und zu Fuß zu gehen oder
15 öffentliche Verkehrsmittel zu benutzen. In einigen Städten dürfen die Menschen am autofreien Tag kostenlos mit Bus und Bahn fahren.
Autofahren aber ist bequem und bringt den
20 Menschen schnell von einem Ort zum anderen. Warum sollte man dann überhaupt auf das Auto verzichten? Dafür gibt es viele gute Gründe: Wenn weniger Autos unterwegs sind, gibt es weniger Lärm und Ab-
25 gase.

Fortbewegungsmittel wie Bus und Bahn sind klimafreundlicher als Fahrten mit dem eigenen Auto. Bewegung, z.B. beim Radfahren oder Zufußgehen, ist gesund.
30 Es gibt weniger Verkehrsunfälle.
Der autofreie Tag spricht auch junge Menschen an. Sie besitzen zwar noch keinen Führerschein oder ein eigenes Auto, können aber trotzdem schon auf das Autofah-
35 ren verzichten: auf dem Schulweg zum Beispiel. Für die meisten Schüler ist ihre Schule gut zu Fuß oder mit dem Fahrrad zu erreichen. Liegt die Schule mehrere Kilometer von ihrem Wohnort entfernt,
40 können sie meistens den Bus oder die Bahn benutzen.
Auch Julian und seine Mutter überlegen, das Auto von nun an öfter in der Garage stehen zu lassen. Würde Julian jeden Tag mit
45 dem Fahrrad zur Schule fahren, würden bei seinem Schulweg von zwei Kilometern jedes Jahr ungefähr 160 Kilogramm weniger CO_2 in die Luft geblasen. Ein kleiner, aber sinnvoller Beitrag zum Klimaschutz.

Jana Kühle

1 Was will die Journalistin mit ihrem Artikel erreichen?
Kreuze die zutreffenden Aussagen an.
   a) Sie will ihre Leser über den autofreien Tag am 22. September informieren. ☐
   b) Sie will den Aktionstag am 22. September kritisieren. ☐
   c) Sie will die Leser spannend unterhalten. ☐
   d) Sie will insbesondere junge Leser ansprechen und zum Mitmachen anregen. ☐
   e) Sie will an einem Beispiel anschaulich zeigen, dass so ein Aktionstag nichts bringt. ☐
   f) Sie will mit dem letzten Satz eine eigene positive Bewertung abgeben. ☐

Schreiben
und Präsen-
tieren

2 Der Zeitungsartikel enthält Argumente, die dafür oder dagegen sprechen, öfter einmal auf das Auto zu verzichten. Markiere sie mit unterschiedlichen Farben.

3 Welche der genannten Argumente überzeugen dich? Notiere sie. Hast du noch weitere eigene Argumente? Dann ergänze sie.

_____

_____

_____

_____

_____

_____

_____

_____

4 Verfasse nun zu diesem Zeitungsartikel einen Leserbrief, in dem du deinen Standpunkt zum Thema „Autofreier Tag" überzeugend vertrittst.

· **Du kannst auch einen ironischen Leserbrief schreiben. Denke aber daran, das Gegenteil so stark zu übertreiben, dass jeder die Ironie verstehen kann.**

· Sieh beim Schreiben immer mal wieder auf die Formulierungshilfen rechts und auf die folgende Checkliste.

CHECKLISTE:

✓ Ich habe das Thema kurz eingeleitet.

✓ Ich habe meinen Standpunkt geäußert.

✓ Ich habe mich unmissverständlich ausgedrückt, auch wenn ich Ironie eingesetzt habe.

✓ Ich habe zum Schluss meine Meinung bekräftigt, z. B. mit einer Forderung, einem Appell oder mit einer rhetorischen Frage.

✓ Ich habe treffende und angemessene Wörter verwendet.

✓ Ich habe sauber geschrieben und auf die korrekte Rechtschreibung und Zeichensetzung geachtet.

Formulierungshilfen

Mit großem Interesse habe ich …
Ich finde, dass …
Meiner Ansicht nach ist es richtig/falsch, wenn …
Für besonders wichtig halte ich …
Ich bin dafür/dagegen, dass …
Gut/Schlecht/Bedenklich finde ich, …
… denn, weil, da, also …
… nämlich, deshalb, deswegen, darum …
Mich als … überzeugt daran besonders …
Daran sieht man, dass …
Wozu soll das überhaupt gut sein?
Warum sollte das nicht funktionieren?
Ausschlaggebend ist für mich …
Meine Meinung steht fest, …
…, setzt euch dafür ein, dass …!
Auch ihr solltet …! Sonst …!

→ Einen Sachtext und ein Gedicht entflechten

1 Im folgenden Text sind die Verse eines Gedichtes und die Sätze eines Sachtextes
über den Hecht miteinander verflochten. Die Reihenfolge beider Texte stimmt aber.
Lies den Text zunächst einmal ganz.

Raubritter – Hecht

1 Der Hecht gehört zur Familie räuberischer Süßwasserfische.
2 Zwischen Kraut und grünen Stangen
3 Jungen Schilfes steht der Hecht,
4 Auffällige Kennzeichen sind der lang gestreckte Körper und der mächtige Kopf
5 Mit Unholdsaugen im Kopf, dem langen,
6 mit der schnabelartigen Schnauze.
7 Der Herr der Fische und Wasserschlangen,
8 Er wird bis zu 1,50 Meter lang.
9 Man findet ihn in Europa, Asien und Nordamerika.
10 Mit Kiefern, gewaltig wie Eisenzangen,
11 Gestachelt die Flossen: Raubtiergeschlecht.
12 Der Hecht besitzt nur kleine Schuppen und kräftige Kiefer mit spitzen Zähnen.
13 Unbeweglich, uralt, aus Metall,
14 Durch seinen dunkelgrün gefärbten Rücken
15 Grünspanig von tausend Jahren.
16 ist er zwischen Wasserpflanzen sehr gut getarnt.
17 Ein Steinwurf! Wasserspritzen und Schwall:
18 Er ist blitzend davongefahren.
19 Dort lauert er auf seine Beute.
20 Butterblume, Sumpfdotterblume, feurig, gelblich rot,
21 Schaukelt auf den Wasserringen wie ein Seeräuberboot.
22 Der Hecht frisst vor allem Fische, Frösche und kleine Säugetiere.

2 Welche Sätze gehören wohl zu dem **Gedicht**? Welche zu dem **Sachtext**?
- Lies den Text nun noch einmal aufmerksam.
- Schreibe dann jeweils die Zeilenzahlen auf.

Gedicht: **Sachtext:**

_____   _____

3 Welche Überschrift gehört wohl zum **Gedicht** von _Georg Britting?_ _____

4 Das Gedicht von _Georg Britting_ besteht aus drei Strophen.
- Schreibe das Gedicht in Verszeilen und Strophen auf einem
separaten Blatt so auf, wie du es am besten findest.
- Vergleicht eure Ergebnisse anschließend in der Klasse miteinander.
Habt ihr es alle ähnlich gemacht? Begründet eure Anordnungen.
- Vergleicht eure Fassungen dann auch mit dem Originalgedicht
von _Georg Britting_ im Lösungteil.

5 Du kannst auch den Sachtext
aufschreiben. Da werden die
Sätze natürlich einfach
hintereinanderweg geschrieben.

→ **Sich mit dem Verhalten literarischer Figuren auseinandersetzen**

Isabel spricht nicht mehr mit mir

Christa Zeuch

Genau genommen ist das seit Montagmorgen so, dass Isabel nicht mehr mit mir spricht. Dabei sitzen wir in der Schule nur zwei Plätze auseinander! Sonst haben wir in jeder Pause zusammen gespielt. Doch seit Montag geht Isabel erst gar nicht raus auf den Schulhof. In den Pausen ist sie spurlos verschwunden. Und den Heimweg machen wir seitdem auch nicht mehr gemeinsam.

Ich habe nachgedacht. Bestimmt ist sie sauer auf mich. Nur, mir fällt nicht ein, woran das liegen könnte. Gestritten haben wir uns schon lange nicht. Außerdem sagt sie mir normalerweise, was sie nicht gut findet.

Vielleicht hat ihr jemand etwas über mich erzählt, etwas Gemeines, Schlimmes. Und nun kann sie mich nicht mehr leiden. Ich könnte sie ja einfach mal fragen. Oder ich könnte sie anrufen.

Mein Herz pocht bis in den Hals hinein, als ich den Hörer abnehme. Wie soll ich anfangen? Hoffentlich stottere ich nicht. Ich wähle ihre Nummer, ich warte.

Isabels Mutter hebt ab. Jetzt muss ich etwas sagen. „Hallo, guten Tag, Frau Landau. Ist Isabel zu Hause?" „Ja", sagt sie, und: „Moment. Hast du Halsschmerzen, Moritz? Du sprichst so heiser."

Sie ruft Isabel. Der Hörer zittert in meiner Hand. Dann ist Isabel am Apparat.

„Ach du, Moritz", sagt sie.

„Ja, ich wollte dich nämlich fragen, also ...", stammle ich. Es ist verflixt schwierig, einfach mit dem rauszurücken, was einem auf der Seele liegt.

„He, was ist, Moritz?"

Isabels Stimme hört sich etwas gelangweilt an. Oder sogar abweisend? Plötzlich habe ich Angst zu erfahren, was man ihr über mich erzählt hat. Nein, ich kann die Frage nicht stellen. „Was haben wir in Mathe auf? Hab's mir nicht aufgeschrieben", sage ich rasch und fühle mich wie ein Feigling.

Sie gibt mir die Hausaufgaben durch. Dann sagen wir uns „Tschüs" und weiter nichts.

Nach dem Telefonieren geht es mir noch schlechter. Was hat Isabel gegen mich? Wer könnte mich bei ihr schlechtgemacht haben? Der Ingo ..., schießt es mir durch den Kopf. Mit dem verstehe ich mich nicht so gut. Ich werde ihn zur Rede stellen. Aber eigentlich hat das auch Zeit bis morgen. Ja, morgen in der Schule werde ich ihn fragen. Oder noch besser, ich beobachte ihn erst ein Weilchen.

Am nächsten Tag in der Schule soll Isabel an die Tafel kommen. Unsere Lehrerin Frau Bödemann will ihr einige Wörter diktieren. Als Isa zur Tafel geht, stolpert sie über ihre eigenen Füße. Die Klasse lacht. Dann schreibt Isa „geboren" mit h, und zum Schluss fällt ihr die Kreide aus der Hand.

„Isabel!" Frau Bödemann lächelt etwas ungeduldig. „Was ist los mit dir? Du machst ein Gesicht wie sieben Tage Regenwetter."

Das hätte Frau Bödemann besser nicht sagen sollen. Obwohl Isabel sich nicht umdreht, kann ich sehen, dass sie jetzt weint. Frau Bödemann legt den Arm um sie und lässt sie erst einmal in Ruhe.

Dass Isabel Tränen runterkullern, kann ich gar nicht mit ansehen. Am liebsten würde ich sie auch umarmen. Aber sie will ja nichts mehr von mir wissen. Keinen einzigen Blick wirft sie mir zu. Und im Unterricht macht sie auch nicht richtig mit.

Auf dem Nachhauseweg halte ich es nicht mehr aus. Ich renne ihr nach und gehe neben ihr her. Bis zur Kreuzung bleiben wir stumm wie Fische. Dann nehme ich all meinen Mut zusammen. „Was hab ich dir getan, Isa!", rufe ich. „Sag es mir endlich!"

Bestürzt schaut mich Isa an. „Wieso getan? Gar nichts!"

„Und warum redest du dann nicht mehr mit mir?"

Mit sehr leiser, stockender Stimme sagt Isa dann: „Ach, das hat doch nichts mit dir zu tun. Es ist ja 75 nur ... meine Oma, die ist sehr krank. Sie wird ... bald sterben."

Ich erschrecke. Die fröhliche, liebe Oma Kunze, die ich auch kenne! Bei der ich mit Isabel in den letzten Ferien ein ganzes Wochenende verbracht habe! Kein 80 Wunder, dass Isabel so verschlossen ist. Wegen der Oma ist sie traurig und besorgt. Und ich Blödmann könnte mich selber ohrfeigen. Hätte ich Isabel doch nur früher gefragt, dann hätte ich sie trösten könne. „Vielleicht wird deine Oma wieder gesund", sage ich. 85 Isabel schüttelt den Kopf.

In meiner Hosentasche habe ich Kaugummis. Ich halte ihr einen hin. Sie will keinen. Aber ich möchte so gern etwas für sie tun. Da nehme ich ihr die Schultasche ab.

Sie sagt: „Gib wieder her. Kann ich selber tragen. Du, Moritz, kommst du nachher ein bisschen zu mir 90 rüber?"

Ich nehme ihr die Tasche wieder ab.

Und dann hat sie wieder die Schultasche in der Hand. Und dann ich. Und dann sie.

„Bis nachher", sage ich, als wir zu Hause angekom- 95 men sind. Isabel nickt mir zu. Und ein wenig lächelt sie dabei.

1 In welchem Verhältnis stehen die beiden Hauptfiguren dieser Geschichte zueinander?

_____

2 Seit wann genau ist Moritz so traurig über Isabels Verhalten?
Markiere die entsprechende Stelle im Text.

3 Moritz vermutet verschiedene Gründe, weshalb Isabel nicht mehr mit ihm spricht.
Lies noch einmal in den Zeilen 9–16 nach und notiere zwei Gründe.

_____

_____

4 Wie fühlt sich Moritz nach dem Telefonat mit Isabel?
Suche die Textstelle und markiere sie.

5 Isabels Verhalten lässt Moritz keine Ruhe. Er geht der Sache auf den Grund und erhält am Ende Antworten, die alles erklären.
- Nimm Stellung dazu, wie dir Moritz' Verhalten gefällt.
- Würdest du auch so handeln? Begründe!

_____

_____

_____

_____

_____

Der Sprung

Leo N. Tolstoi

Ein Schiff kehrte von der Weltumseglung zurück. Es herrschte stilles
Wetter, und alles war an Deck. Bei den Mannschaften trieb sich ein großer
Affe herum, an dem alle ihren Spaß hatten. Er machte drollige Faxen und
Sprünge, schnitt komische Grimassen und äffte die Menschen nach. Man

5   sah ihm an, dass er wusste, welchen Spaß er den Menschen bereitete, und
wurde deshalb noch ausgelassener.

Plötzlich sprang er auf einen zwölfjährigen Knaben zu, den Sohn des
Kapitäns. Er riss ihm die Mütze herunter, setzte sie sich auf den Kopf
und kletterte flink den Mast hinauf. Alle lachten, nur der Junge wusste

10 nicht, ob er weinen oder lachen sollte. Der Affe setzte sich auf den ersten
Querbalken des Mastes, nahm die Mütze ab und machte sich daran, sie
mit den Pfoten und Zähnen zu zerreißen. Es war, als necke er den Knaben.
Er zeigte mit den Fingern auf ihn und schnitt dabei drollige Fratzen. Der
Knabe drohte ihm mit der Faust, doch der Affe zerrte noch wütender an

15 der Mütze. Die Matrosen lachten noch lauter; der Knabe wurde rot, warf
seine Jacke ab und stürzte dem Affen auf den Mast nach. In wenigen Sekunden hatte er die erste Rahe[1] erklommen. In dem Augenblick aber, als
er schon glaubte, die Mütze fassen zu können, war der Affe flinker und
kletterte noch höher hinauf.

20 „Du entgehst mir doch nicht!", rief der Knabe und kletterte noch höher.
Der Affe lockte ihn wieder zu sich und kletterte höher. Den Knaben hatte
der Zorn gepackt, und er blieb ihm auf den Fersen. So erreichten die beiden in kürzester Zeit die Spitze des Mastes. Ganz oben streckte sich der
Affe in seiner ganzen Länge aus, hielt sich mit der Hinterpfote an einem

25 Tau fest und hängte die Mütze ans Ende der letzten Rahe. Er selbst erklomm die Mastspitze, schnitt dort Grimassen, fletschte die Zähne und
freute sich. Die Entfernung vom Mast bis zum Ende der Rahe, an der die
Mütze hing, betrug etwa drei Meter, sodass man die Mütze nicht erreichen konnte, ohne den Mast und das Tau loszulassen.

30 Die Menschen an Deck hatten bisher zugeschaut und über den Affen
und den Sohn des Kapitäns gelacht. Als sie aber sahen, dass der Knabe
auch das Tau losließ und mit ausgebreiteten Armen auf die Rahe trat, er-
starrten sie vor Schreck. Er brauchte nur einen Fehltritt zu tun, um abzu-
stürzen und an Deck zerschmettert liegen zu bleiben. Aber selbst, wenn

35 es ihm gelingen würde, bis zum Ende der Rahe zu kommen und die Mütze
zu ergreifen, so würde es ihm schwerfallen, umzukehren und zum Mast
zurückzugelangen.

Alle starrten stumm hinauf und warteten. Plötzlich stieß jemand einen
Schreckensschrei aus. Der Knabe kam durch diesen Schrei zu sich, blick-

40 te hinunter und wankte. In diesem Augenblick trat der Kapitän aus der
Kajüte. Er hatte ein Gewehr in der Hand, um Möwen zu schießen. Er sah
seinen Sohn auf dem Mast, hob das Gewehr, zielte auf den Knaben und
rief: „Ins Wasser! Spring sofort ins Wasser! Sonst erschieße ich dich!"

Der Knabe wankte, verstand ihn aber nicht. „Spring oder ich schieße!

45 Eins ... zwei ..." – Als der Vater „drei" gerufen hatte, sprang der Knabe

[1] die Rah, *auch* die Rahe: Rundstange, die quer
zur Fahrtrichtung am Mast eines Segelschiffes
angebracht ist

von der Rahe kopfüber ins Wasser. Die Wellen waren noch nicht über ihm zusammengeschlagen, als auch schon zwanzig Matrosen ins Meer gesprungen waren. Etwa vierzig Sekunden später – sie erschienen allen unendlich – kam der Knabe zum Vorschein. Er wurde an Bord gezogen.

50 Wenige Minuten später floss ihm das Wasser aus Mund und Nase, und er begann zu atmen.

Als der Kapitän das sah, schrie er plötzlich auf, als wenn ihn etwas würgte, und stürzte in seine Kajüte, damit niemand sehen sollte, dass er weinte.

1 Der Affe macht sich einen Spaß daraus, den Jungen zu ärgern.
Lies in den Zeilen 7–26 nach und markiere entsprechende Textstellen.

2 Zu welcher gefahrvollen Aktion lässt sich der Junge provozieren?
In welcher Zeile findest du diesen Hinweis?

_____

3 In Zeile 30–37 spitzt sich die Situation zu. Was genau macht der Junge jetzt?
Warum ist diese Situation für ihn so gefährlich?

_____

_____

_____

4 Der Junge ärgert sich so sehr über den Affen, dass er sich der Gefahr,
in der er schwebt, gar nicht bewusst ist.
- In welchem Augenblick kommt er erst zu sich?
- Lies in Zeile 38–43 nach und markiere die entsprechende Textstelle.

5 Welche Erklärung hast du für die Reaktion des Kapitäns, als er seinen Sohn oben auf der Rahe erblickt?

_____

_____

_____

6 Zu guter Letzt wird der Junge gerettet. Und der Kapitän? Weshalb schreit der Kapitän auf
und stürzt in seine Kabine, damit niemand sein Weinen sieht? Schreibe deine Meinung dazu auf.

_____

_____

_____

_____

→ **Zwei Arten von h**

M

Die Schreibung von Wörtern mit dem silbentrennenden h und mit Dehnungs-h

1. Das **silbentrennende h** steht zwischen dem **langen Vokal der ersten Silbe** und dem **kurzen Vokal der zweiten Silbe**. Bei der Silbentrennung steht das silbentrennende h am Anfang der zweiten Silbe: *se-hen, die Mü-he*.

2. Das **silbentrennende h** bleibt in der Regel in allen verwandten Wörtern erhalten: *die Mühe: mühsam, sich bemühen, mühselig, er bemüht sich.*

3. Das **Dehnungs-h** steht nur nach einem **langen Vokal** und vor den Konsonanten **l, m, n, r**. Bei der Silbentrennung steht das Dehnungs-h **in** der Silbe mit dem **langen Vokal**: *zah-len, beneh-men, ah-nen, fah-ren.*

4. Das **Dehnungs-h** steht jedoch **niemals**, wenn Wörter mit den Buchstaben **sch, t, p, qu, sp, gr, kr** beginnen: *Schale, Träne, Pol, Qual, Spur, Gram, Kran.*

1 In den folgenden Wörtern steht zwischen beiden Silben immer ein Sternchen. Entscheide, ob das einzusetzende h ein silbentrennendes oder ein Dehnungs-h ist. Schreibe die Wörter mit Silbentrennungsstrich auf.
Achtung: Zwei Wörter enthalten kein h.

Ausna*me   Bo*nen   verlei*en   se*enswert
Ze*e   Druckfe*ler   fä*ig   umzie*en
Rasenmä*er   spa*ren   einne*men   aushö*len
Schraubenzie*er   Eckzä*ne   spü*ren   fü*ren
Belo*nung   Tru*e   erfa*ren   we*en

Silbentrennendes h: _____

_____

_____

_____

_____

Dehnungs-h: _____

_____

_____

_____

_____

Diese Wörter enthalten **kein** h: _____

_____

2 Füge in die Wortlücken ein h ein. Allerdings gibt es
vier Wörter, in die kein h eingesetzt werden darf.

Eine nette Geste

Gestern war es ungefä____r halb ze____n. Ich stand am Fenster und

sa____ auf die Straße. Noch immer herrschte sta____rker Verke____r.

Plötzlich fie____l mir etwas auf. Eine alte Frau wollte die Fa____rba____n

überque____ren. Me____rere Male hatte sie es scho____n probiert. Doch

immer wieder nä____erte sich von rechts oder links ein Fa____rzeug,

sodass sie große Mü____e hatte, auf den gegenüberliegenden Ge____weg

zu gelangen. In dem Moment fu____r ein Radfa____rer um die Ecke. Er

bemerkte die alte Frau, hielt an, na____m sie an die Hand und fü____rte

sie hinüber. Über diese nette Geste war die alte Frau se____r fro____.

3 Entscheide, ob die folgenden Wörter mit oder ohne Dehnungs-h
geschrieben werden. Wenn du unsicher bist, schau in den Merkkasten
auf der vorigen Seite oder schlage in einem Wörterbuch nach.

Schwa*n	grö*len	allmä*lich
_____	_____	_____
Nordpo*l	Kra*m	Sche*re
_____	_____	_____
Ta*l	e*rlich	berü*mt
_____	_____	_____
Spu*r	schwe*r	Kra*n
_____	_____	_____
Scha*le	gefä*rlich	Spä*ne
_____	_____	_____
ze*n	krü*meln	Tö*ne
_____	_____	_____

→ **Wörter mit s, ss und ß**

M

Die Schreibung von Wörtern mit s, ss und ß

1. Der **stimmhafte s-Laut** wird immer als **s** geschrieben:
   le-sen, rei-sen, Häu-ser.

2. Der **stimmlose s-Laut** wird in zweisilbigen Wörtern **nach langem Vokal** und nach *au, äu, eu, ei* immer als **ß** geschrieben:
   rei-ßen, gie-ßen, fra-ßen.

3. Der **stimmlose s-Laut** wird in zweisilbigen Wörtern zwischen **zwei kurzen Vokalen** immer **ss** geschrieben:
   fas-sen, fres-sen, Küs-se.

1 Lies dir die folgenden Wörter selbst laut vor.
Schreibe sie dann nach den Regeln ihrer Schreibung geordnet auf.
Wenn du unsicher bist, lies im Merkkasten nach.
Achtung: Ein Wort kannst du an zwei Stellen einordnen.

be*onders – Dro*el – grü*en – entla*en – In*el –
fa*en – hei*en – Wie*e – äu*erst – pa*en – So*e –
Fel*en – verbe*ern – gra*en – Klö*e – bi*ig –
verwei*en – Blä*e – Gän*e – verlo*en – abgie*en –
rei*en – Grö*e – mü*en – versü*en

stimmhaftes s immer als s: _____

_____

_____

stimmloses s nach langem Vokal als ß: _____

_____

_____

stimmloses s zwischen zwei kurzen Vokalen immer als ss: _____

_____

_____

2 Suche zu den Fantasiewörtern links jeweils ein Reimwort aus den Wörtern rechts. Schreibe die Reimpaare auf.

Kno*e   _____   die Masse
Schna*e   _____   die Soße
Blü*e   _____   die Süße
Quö*er   _____   die Schlösser

Manchmal ist es nicht einfach, zu entscheiden, ob ein Wort mit s oder mit ß geschrieben wird.
In diesem Fall musst du die Wörter verlängern:
das Glas – die Gläser, **aber:** *der Gruß – die Grüße.*

3 Suche zu den folgenden Wörtern eine verlängerte Form.
Füge erst dann in die Wörter das s oder ß hinein.

das Ga_____, die _____

ich la_____, wir _____

ich blie_____, wir _____

der Krei_____, die _____

sie nie_____t, wir _____

das Lo_____, die _____

der Klo_____, die _____

der Spa_____, die _____

ich a_____, wir _____

ich lie_____, wir _____

der Flei_____, wir sind_____

gro_____, die _____ Leute

hei_____, die _____ Milch

das Moo_____, die _____

4 Setze in die Lücken des folgenden Textes **s**, **ss** oder **ß** ein.

Im königlichen Palast

Zu allen Zeiten mu_____te am englischen Königshof alles nach Protokoll ablaufen. Von den 300 Angestellten wird äu_____erste Präzi_____ion verlangt. Wehe, es vergi_____t jemand etwas! So darf z. B. ein Diener niemals das Lineal verge_____en, mit dem er den Abstand von Me_____ern und Gabeln nachme_____en kann. Ob einer der Gäste wirklich wei_____, dass sogar der Abstand zwischen den Rosenkohlröschen auf dem Teller gleich gro_____ sein muss? Was für dieses Gemü_____e zutrifft, gilt auch für die Diener: Keiner von ihnen darf grö_____er sein als 1, 75 Meter!

Intere_____ant ist auch, dass die 26 Zimmermädchen eines genau wi_____en: Niemals darf es pa_____ieren, sich beim Putzen eines Zimmers oder Bades von der Königin überraschen zu la_____en. Notfalls mu_____ das Mädchen sich sogar irgendwo verstecken. Die Königin darf keinen Hinwei_____ darauf bekommen, wer ihr Zimmer sauber macht.

→ Wörter mit k / ck – Wörter mit z / tz

M

Schreibung von Wörtern mit k/ck und z/tz

1. Nach **Konsonanten** schreibt man nur **k** oder **z**: *Falke, Bank, Tanz, Sturz*.
2. Nach einem **betonten** und **langen Vokal** und **au, äu, eu, ei**
   schreibt man nur ein **k** oder **z**: *Spuk, streiken, Kauz, geizig*.
3. Nach einem **betonten** und **kurzen Vokal** schreibt man **ck** oder **tz**:
   schicken, Spucke, schwitzen, Netz.
4. Bei der **Worttrennung** am Zeilenende kommt das **ck** auf die neue Zeile:
   Ha-cke, lo-ckig, Ze-cke.
   Wörter mit **tz** werden **zwischen** dem **t** und dem **z** abgetrennt:
   Müt-ze, wit-zig, krit-zeln.

1 Die folgenden zusammengesetzten Wörter sind durcheinandergeraten.
Die Grundwörter enthalten entweder ein k oder ein ck, ein z oder ein tz.
Schreibe die Zusammensetzungen richtig auf.

Betonschran*e
Eisenbahnklo*

Jagdhi*e
Affenfal*e

Schulde*e
Bettran*en

Sahnetan*
Volkskle*s

Bärenschre*e
Heuta*e

Regenar*t
Kinderwol*e

Betonklotz _____   _____   _____

Eisenbahnschranke _____   _____   _____

_____   _____   _____

_____   _____   _____

2 Städtenamen richten sich nicht immer nach den Rechtschreibregeln.
Gegen welche Regel aus dem Merkkasten verstoßen die Namen?
Schreibe die entsprechende Ziffer dahinter.
Achtung: Ein Nomen verstößt **nicht** gegen die Regel!

*Deutz*_____   *Preetz*_____   *Eickeloh*_____

*Laucken*_____   *Bentzin*_____   *Glietz*_____

*Koblenz*_____   *Kassieck*_____   *Falckenstein*_____

3 Füge in die folgenden Wörter entweder k oder ck, z oder tz ein.
Schreibe die Wörter mit dem Trennungsstrich auf.

*Kor*en schni*en äch*en glän*en We*er trin*en blö*en Ker*e Wal*e Rü*en*

_____

_____

_____

_____

4 Von den folgenden Wörtern sind nur sieben Fremdwörter.
Schreibe alle Wörter in ihrer richtigen Schreibweise auf.

Die Doppelkonsonanten ck und tz

Die Buchstabenkombinationen **ck** und **tz** sind eigentlich Doppelkonsonanten. Sie stehen für **kk** und **zz**, die es in deutschen Wörtern nicht gibt. Aber in einigen Fremdwörtern kommen **kk** und **zz** auch in unserer Sprache vor.

M

Glokke _____   Stüzze _____

Fakkel _____   Pizza _____

Sakko _____   Müzze _____

Zakken _____   Frazze _____

Flokken _____   Skizze _____

Akkusativ _____   Razzia _____

Akkordeon _____   Puzzle _____

5 Der folgende Text enthält fünf Fehler. Markiere sie im Text und schreibe die Wörter dann richtig auf.

Über meine Geburtstagsgeschencke habe ich mehr sehr gefreut.
Die Musick-CD ist einfach spizze. Die Wintermütze sieht schick aus.
Lange schon habe ich mir Steltzen gewünscht. Ich habe sie sofort ausprobiert
und wäre bei meinem ersten Versuch beinahe in eine Pfüze gefallen.

_____

_____

_____

_____

→ **Verben können zu Nomen werden**

M

Verben können zu Nomen werden

Meistens weisen **Signale** auf die **Großschreibung** dieser
Verben hin. Die wichtigsten Signale sind:

1. **Artikel:** *das* Fliegen, *ein* langes Suchen
2. **versteckter Artikel:** *beim* (= bei dem) Wandern
3. **Pronomen:** *ihr* Jammern, *kein* Faulenzen
4. **Adjektive:** *lautes* Rufen, *vergebliches* Bemühen

1 Sechs Verben sind in den folgenden Sätzen
zu Nomen geworden und müssen groß-
geschrieben werden. Markiere zuerst die
Signale dafür, schreibe dann das Nomen auf.
Notiere zum Schluss in den Klammern die
Ziffer des entsprechenden Signals für die
Großschreibung (siehe Kasten).
Achtung: In einem Satz ist das Verb **nicht**
zu einem Nomen geworden.

a) Moritz ist vom LAUFEN _____ (____) ganz müde geworden.

b) Intensives TRAINIEREN _____ (____) lohnt sich immer.

c) Lisa fällt das LERNEN _____ (____) leicht.

d) Florian, dein LACHEN _____ (____) ist wirklich ansteckend.

e) Lotte will uns heute Abend BESUCHEN _____ (____).

f) Jeden Morgen weckt uns lautes BELLEN _____ (____).

g) Beim LERNEN _____ (____) konzentriert sich Franz.

2 Füge die Wörter aus der rechten Spalte passend in die Sätze ein.
Entscheide dabei über die Groß- und Kleinschreibung der Wörter.
Schreibe die Wörter richtig in die Zeilen.

Jeden Morgen dasselbe!

Das _____ auf den Schulbus ist jeden Morgen eine

echte Freude. Wird er heute pünktlich _____? Beim

_____ beginnt dann das große _____.

Der Fahrer will, dass wir uns dabei auch noch _____. Einen Platz

zum _____ kann man vergessen. An der nächsten Haltestelle

beginnt wieder das _____ und _____.

Man ist immer in Bewegung: Beim _____ kippt man nach hinten, beim

_____ rutschen alle nach vorn. Nach dem _____

weiß man: Das _____ im Bus ist so schön!

BEEILEN
FAHREN
WARTEN
AUSSTEIGEN
KOMMEN
DRÄNGELN
EINSTEIGEN
SITZEN
SCHIEBEN
STOßEN
BREMSEN
ANFAHREN

→ Adjektive können zu Nomen werden

Adjektive können zu Nomen werden

Meistens weisen bestimmte Signale auf die **Großschreibung** dieser Adjektive hin. Die wichtigsten Signale sind:

1. **Artikel:** *das* Gute, *ein* Gutes
2. **Wörter** wie **viel, wenig, alles, manches, etwas, nichts:** *alles* Gute, *etwas* Grünes
3. **Pronomen:** *ihr* Rot, *sein* Grau
4. **versteckter Artikel:** *ins* (= in das) Blaue
5. **ohne Signal:** *Schönes* erleben

1 Von den 16 Adjektiven in Großbuchstaben sind sieben zu Nomen geworden und müssen deshalb großgeschrieben werden.
- Markiere sie zusammen mit ihren Signalen im Text.
- Schreibe die nominalisierten Adjektive dann mit den Signalen für ihre Großschreibung auf.

Im Hochseilgarten

Beim LETZTEN Klassenausflug haben wir einmal nichts ALLTÄGLICHES, sondern etwas AUßERGEWÖHNLICHES gemacht. Wir sind nämlich in den NEUEN Hochseilgarten gefahren – ein SPANNENDER und AUFREGENDER Tag! Das BESTE war für mich der ATEMBERAUBENDE Baumgipfelpfad. Von dort oben schaut man direkt ins GRÜNE der Baumkronen. Ihr GRÜN ist aus der Nähe betrachtet viel intensiver. Es gibt für mich wirklich nichts SCHÖNERES, als von einem HOHEN Baum nach unten zu schauen. Ein WUNDERBARER Ausblick.
Leider ist an diesem Tag aber auch noch etwas BLÖDES passiert: Beim Hinabsteigen war Lisa UNAUFMERKSAM und rutschte aus. Jetzt hat sie einen VERSTAUCHTEN Knöchel.

nichts Alltägliches ...

_____

_____

_____

_____

2 Schreibe die folgenden Beispielsätze auf. Achte besonders auf die Großschreibung der Nomen. Markiere bei allen Nomen die Signale für die Großschreibung.

WIR BIETEN KÖSTLICHES AUS DEM FERNEN ASIEN. DIE SPEISEN SIND VOM FEINSTEN FÜR DEN ANSPRUCHSVOLLEN GESCHMACK. FÜR UNSERE GÄSTE IST DAS BESTE GERADE GUT GENUG.

_____

_____

_____

_____

_____

→ Die Groß- und Kleinschreibung von Zeitangaben

M

Die Groß- und Kleinschreibung von Zeitangaben

1. **Wochentage** und **Tageszeiten** werden **großgeschrieben**, wenn vor ihnen ein **Artikel**, ein **Pronomen** oder eine **Präposition** steht:
der Freitag, *eines* Nachts, *diesen* Montag, *am* Sonntagmorgen.
2. **Tageszeiten** werden **großgeschrieben**, wenn sie nach den Wörtern **vorgestern, gestern, heute, morgen, übermorgen** stehen:
übermorgen Nachmittag, morgen Mittag, heute Nacht, gestern Vormittag.
3. **Wochentage** und **Tageszeiten** werden **kleingeschrieben**, wenn sie **Adverbien** sind:
vorgestern, gestern, heute, morgen, übermorgen; abends, mittags, mittwochs, donnerstags.

1 Schreibe zu jeder Zeitangabe weitere Beispiele auf. Sie sollen so aussehen:

am Abend   *am Sonntag,* _____

morgen Abend   _____

gestern   _____

abends   _____

2 Schreibe die Zeitangaben in richtiger Groß- und Kleinschreibung auf.

Die Pechsträhne

Felix bedeutet zwar der *Glückliche*, aber mein Freund Felix erlebt seit

GESTERN _____ gerade eine Pechsträhne.

Schon am frühen DIENSTAGMORGEN _____ hat ihn eine

Wespe gestochen, sodass er den ganzen VORMITTAG _____ mit einem

kühlenden Verband herumlaufen musste. Nachdem es ihm besser ging, wollte er NACHMITTAGS

_____ ins Freibad gehen. Er kam nicht weit, denn es fing an zu regnen.

Der DIENSTAGNACHMITTAG _____ wurde nicht besser,

denn bis in den ABEND _____ hinein suchte er seinen entflogenen Kanarien-

vogel. Spät am ABEND _____ wollte er noch für den Unterricht am nächsten

MORGEN _____ ein Buch lesen. Leider war seine Suche nach diesem Buch auch um

MITTERNACHT _____ nicht beendet. Natürlich schlief er deshalb spät

ein, sodass sich das Pech HEUTE MORGEN _____ fortsetzte: Er

hörte den Wecker nicht und kam erst VORMITTAGS _____ zum Unterricht.

→ Getrennt- und Zusammenschreibung

Das sind häufig vorkommende Fügungen mit den Wörtern **gar, so, wie** und **zu**:

*gar kein – gar nicht – genauso gut –
so etwas – so einer – so oft – so sehr –
so viele – so weit – so wenig –
wie hoch – wie immer – wie oft –
wie sehr – wie viel – wie weit –
zu hoch – zu oft – zu viel – zu wenig –
zu Ende – zu Fuß – zu Hause – zu Hilfe*

Getrennt- und Zusammenschreibung

Folgende Fügungen werden in der Regel **getrennt geschrieben**:
1. Fügungen mit den Wörtern **gar, so, wie** und **zu**:
   gar kein, gar nichts, so gut, so wenig, wie weit, wie oft, zu viel.
2. Fügungen aus **zwei Verben**: *laufen lernen, baden gehen, tragen helfen, spazieren gehen.*
3. Fügungen aus **Nomen** und **Verb**: *Halt finden, Platz machen.*

Wenn man die Fügungen aus zwei **Verben** bzw. aus **Nomen** und **Verb** als Nomen gebraucht, werden sie **zusammengeschrieben**: *für das **L**aufenlernen, nach dem **B**adengehen.*

M

1 Ergänze in den folgenden Sätzen passende Fügungen aus der Wortsammlung oben.

a) Heute habe ich zum Fußballspielen _____ Lust.

b) Carolin kommt _____ zehn Minuten früher zum Treffpunkt.

c) Jakob hat Bauchschmerzen, weil er _____ gegessen hat.

d) Lotte hat _____ Zensuren wie David.

e) Nach Philipps Sturz kamen ihm gleich zwei Jungen _____ .

f) Ich weiß nicht, _____ Gäste zu meiner Geburtstagsfeier kommen.

g) Max musste einsehen, dass er für die Bio-Arbeit _____ gelernt hatte.

h) Um das Spiel zu gewinnen, müssen wir uns _____ anstrengen wie noch nie!

i) Wenn der Film _____ ist, wird der Fernseher ausgeschaltet.

j) _____ freue ich mich, wenn wir im Sommer

in die Ferien fahren.

2 Suche dir drei Fügungen aus der Sammlung oben aus.
Schreibe jeweils einen Satz damit auf.

_____

_____

_____

68

3 Schreibe die folgenden Sätze mit einer Form von *werden* auf.

a) Er sagt uns bestimmt Bescheid.
b) Unsere holländischen Gäste sprechen bestimmt gut Deutsch.
c) Meine ältere Schwester fährt heute zum ersten Mal Auto.
d) Ich dachte noch, Nils macht mir bestimmt Platz.

Er wird uns bestimmt ... _____

_____

_____

_____

4 Entscheide, ob die in Großbuchstaben geschriebenen Wörter getrennt oder zusammengeschrieben werden müssen. Trage sie richtig in die Lücken ein.

Heute ist das Wetter so schön, dass wir auf das BUS/FAHREN

_____ verzichten. Dafür wollen wir

wieder einmal RAD/FAHREN _____.

Hoffentlich tut beim RAD/FAHREN _____

Annas Knie nicht weh. Das hat sie sich nämlich in unserem Winterurlaub beim SKI/FAHREN

_____ verletzt. Sie musste während des ganzen Urlaubs an Krücken gehen

und mit dem BUS/FAHREN _____. Abends konnten wir dann alle gemeinsam

KARTEN/SPIELEN _____.

Nun werden wir bald losfahren. Nach etwa zwei Stunden werden wir eine PAUSE/MACHEN

_____. Wir wollen gemeinsam an einem

Kiosk rasten und EIS/ESSEN _____.

5 Füge in die Lücken dieser Sätze eine passende Kombination aus den folgenden Verben ein.

fallen
hängen
liegen
schenken
spazieren
stehen
geblieben
gehen
lassen

a) Bei dem schönen Wetter sollten wir _____.

b) Mein Wecker ist heute Nacht leider _____.

c) Laura ist mit ihrem Pullover am Zaun _____.

d) Felix hat seine Uhr im Umkleideraum _____.

e) Beim Völkerball darf man den Ball nicht _____.

f) Zum Geburtstag möchte ich mir gern Geld _____.

g) Nach einem gegnerischen Foul ist der Tormann verletzt am Boden

_____.

→ Das Komma zwischen Hauptsätzen

1 Verbinde jeweils die Hauptsätze mit einer Konjunktion aus dem Merkkasten.
- Verwende jede Konjunktion mindestens einmal!
- Und vergiss die Kommas nicht!

Das Komma zwischen Hauptsätzen

Nach einem Hauptsatz steht im Allgemeinen ein **Punkt**:
Vor einer Schifffahrt habe ich Angst. Ich werde immer seekrank.
Wenn man zeigen will, dass zwei Hauptsätze eng **zusammengehören**, kann man zwischen ihnen auch ein **Komma** setzen:
Vor einer Schifffahrt habe ich Angst, ich werde immer seekrank.
Man kann aber zwei Hauptsätze auch mit **Konjunktionen** verbinden wie ***und, oder, denn, aber, sondern***.
Vor *und* und *oder* **kann** man ein Komma setzen.
Vor *denn, aber, sondern* **muss** man es setzen:
Vor einer Schifffahrt habe ich Angst, denn ich werde immer seekrank.

M

a) Einmal fuhren wir auf einem Schiff nach Helgoland. Das Wetter war gar nicht schlecht.

_____

_____

b) Erst sah es wirklich nicht so schlimm aus. Dann kam ein furchtbarer Sturm auf.

_____

_____

c) Sollten wir oben auf dem Deck bleiben? Sollten wir nach unten gehen?

_____

_____

d) Ich bin eigentlich nicht ängstlich. Ich trau mich eher was.

_____

_____

e) Doch dann bekam ich es richtig mit der Angst. Das Schiff schaukelte furchtbar.

_____

_____

f) Die Seekrankheit hatte mich voll im Griff. Du weißt sicher, was das heißt.

_____

_____

→ Das Komma zwischen Haupt- und Nebensatz

M

Das Komma zwischen Haupt- und Nebensatz

Ein **Nebensatz** wird durch Komma vom **Hauptsatz** abgegrenzt.
Nebensätze erkennt man vor allem an **Konjunktionen** wie
als, bevor, dass, nachdem, ob, obwohl, sodass, während, weil, wenn, wie ...
Ein Nebensatz reicht stets von der Konjunktion am Anfang bis zum **Prädikat** am Ende:

| Ich hatte ein bisschen Angst | **,** | als ich das erste Mal in ein Flugzeug steigen sollte | **.** |

---

1 Markiere in den folgenden Sätzen die Nebensätze und füge die Kommas ein.
Manchmal stehen die Nebensätze vorn, manchmal hinten.
Aber Achtung: Ein Satz enthält keinen Nebensatz!

Flugangst

Ich hatte ein bisschen Angst als ich das erste Mal in ein Flugzeug steigen sollte.
Schon auf dem Flughafen war mir schlecht geworden sodass ich ganz blass wurde.
Meine Mutter sah mir das auch an während wir auf die Abfertigung warteten.
Sie holte mir etwas zu trinken bevor wir durch die Sperre gingen.
Nachdem ich ein großes Glas Wasser getrunken hatte wurde mir etwas besser.
Als wir dann aber im Flieger saßen ging es mir wieder richtig gut.
Natürlich bekam ich noch einmal einen Schreck bevor das Flugzeug vom Boden abhob.
Nachdem wir dann aber über den Wolken angekommen waren fand ich es richtig toll.
Ich schaute aus dem Fenster und sah die Landschaft unter mir.
Ob ich wohl unser Haus erkennen kann dachte ich.
Aber alles war so winzig dort unten dass ich es nicht entdecken konnte.
Obwohl ich doch zunächst Angst gehabt hatte fühlte ich mich jetzt richtig wohl.
Fliegen ist schön wenn man es erst einmal erlebt hat.

2 Füge in den Text die fehlenden Konjunktionen ein.
Unterstreiche dann das Prädikat am Ende der Nebensätze und setze die Kommas.

Flugangst

_____ ich das erste Mal in ein Flugzeug steigen sollte war mir richtig schlecht.

_____ wir durch die Sperre gingen habe ich noch ein Glas Wasser getrunken.

_____ wir dann aber im Flieger saßen ging es mir schon besser.

Ich fand es richtig toll _____ wir endlich über den Wolken angekommen waren.

Ich schaute aus dem Fenster _____ ich gern unser Haus erkannt hätte.

_____ die Landschaft klar zu erkennen war habe ich es nicht entdeckt.

_____ man es erst einmal selbst erlebt hat ist das Fliegen sehr schön!

1. Ein Nebensatz kann dem Hauptsatz **nachgestellt** sein:

Am Morgen stehe ich auf , wenn der Wecker klingelt .

2. Er kann ihm aber auch **vorausgestellt** sein:

Wenn der Wecker klingelt , stehe ich am Morgen auf .

3. Manchmal ist der Nebensatz auch in den Hauptsatz **eingeschoben**:

Ich stehe am Morgen , wenn der Wecker klingelt , auf .

3 Wo steht in den folgenden Beispielsätzen der Nebensatz? Markiere ihn. Schreibe die Zahl aus dem Kasten davor und füge die Kommas ein.

Landung

_____ Nachdem wir zwei Stunden geflogen waren setzte der Flieger zur Landung an.

_____ Wir mussten uns wie es die Stewardess anordnete anschnallen.

_____ Während es im Sinkflug abwärtsging wurde mir wieder etwas mulmig.

_____ Ich musste mir die Ohren zuhalten weil sie so weh taten.

_____ Das Flugzeug flog durch die Wolkendecke sodass ich den Hafen sehen konnte.

_____ Dann gab es ein lautes Rumpeln als der Flieger aufsetzte.

_____ Wir mussten angeschnallt bleiben bis die Maschine zum Stehen kam.

_____ Einige Passagiere aber standen obwohl es nicht erlaubt war schon vorher auf.

_____ Manche können es eben nicht abwarten bis sie endlich aussteigen können.

4 Setze die passenden Konjunktionen in den folgenden Text ein. Füge die Kommas hinzu.

nachdem – sodass – obwohl – bis – während – als

Landung

Der Flieger setzte zum Sinkflug an _____ wir noch

weit vom Ziel entfernt waren. _____ wir immer tiefer

hinabsanken bekam ich einen Druck auf die Ohren _____

ich sie mir zuhalten musste. _____ wir die Wolkendecke

durchstoßen hatten konnte ich die Schiffe im Hafen sehen. _____

der Flieger aufsetzte rumpelte es heftig. Dann kurvte das Flugzeug

noch so lange auf dem Flugplatz herum _____ wir am richtigen Platz hielten.

→ **Nebensätze mit *dass***

M

Sätze mit der Konjunktion *dass*

Sätze mit der Konjunktion **dass** sind **Nebensätze**, die mit **Komma** abgegrenzt werden.
Nebensätze mit **dass** beziehen sich oft auf **Verben des Denkens, Sagens, Meinens, Glaubens** im Hauptsatz:
*Viele Menschen glauben/denken/meinen, **dass** es früher besser war als heute.*

Manchmal sind diese Verben zu Nomen geworden. Auch dann können ihnen dass-Sätze folgen:
*Viele Menschen sind der Meinung, **dass** es früher besser war als heute.*
Dass-Sätze können auch **vor** einem **Hauptsatz** stehen:
***Dass** es früher besser war, glauben viele Menschen.*

1 Bilde aus den Sätzen, die unter den Zeilen stehen, dass-Sätze.
Setze die Kommas ein.

Die verlorene Uhr

Ich glaube _____
ich habe meine Uhr verloren

Ich bin mir sicher _____
ich habe sie vor dem Sport noch gehabt

Ich weiß genau _____
ich habe sie beim Umziehen abgemacht

Es ist am wahrscheinlichsten _____
ich habe sie in der Kabine vergessen

_____ das passiert mir eigentlich selten.
ich vergesse etwas

Möglich ist auch _____
jemand hat sie mir gestohlen

Ich vermute aber _____
es ist nicht so

_____ ist ja immerhin auch möglich.
jemand hat sie gefunden

Und dann hoffe ich darauf _____
er hat sie beim Hausmeister abgegeben

Jedenfalls wünsche ich mir _____
ich bekomme sie wieder

_____ möchte ich auf keinen Fall zugeben.
ich habe sie verbummelt

→ Die Zeichen der wörtlichen Rede

Im Restaurant

In einem Restaurant sitzt eine ältere Frau beim Essen. Es zieht hier so   , sagt sie fröstelnd zu sich selbst.   Kann man das nicht abstellen?   Nach einiger Zeit bittet sie den Kellner: Könnten Sie die Klimaanlage etwas schwächer einstellen?   Der Kellner antwortet höflich: Aber natürlich, meine Dame!   Nach zehn Minuten beginnt die Frau zu schwitzen. Sie sagt zu sich selbst: Es ist hier so warm!   Sie wendet sich noch einmal an den Kellner und seufzt: Würden Sie die Klimaanlage nicht doch wieder etwas höher einstellen?   Gewiss doch   , sagt der Kellner,   das wird sofort erledigt.

Es vergeht nur wenig Zeit, da meldet sich die Dame wieder: Ach, Herr Ober, stellen Sie doch die Klimaanlage wieder runter!   Kein Problem   , meint der Kellner. Da wendet sich ein Gast, der in der Nähe ist, an den Kellner.   Sagen Sie   , fragt er,   sind Ihnen die vielen Wünsche der Dame und das ewige Hin und Her nicht lästig?   Aber nein   , flüstert der Kellner,   wir haben doch gar keine Klimaanlage.

Die Frau muss das, was der Kellner gesagt hat, aber gehört haben. Sie winkt ihn zu sich heran.   Dass Sie keine Klimaanlage haben   sagt sie   ist mir von vornherein klar gewesen.   Dann ergänzt sie: Ich wollte nur einmal testen, wie freundlich die Bedienung hier ist.   Und   fragt der Kellner.   Sie haben den Test bestanden   antwortet die Frau.

Die Zeichen der wörtlichen Rede

Sätze mit wörtlicher Rede bestehen aus **Redeteil** und **Begleitsatz**.
Im Begleitsatz steht, **wer** etwas sagt: *Sophie sagt: ...*
Im Redeteil steht, **was** einer sagt: *„Ich möchte nichts essen."*
Der Redeteil steht in **Redezeichen** (Anführungszeichen).

Meistens ist der Begleitsatz dem Redesatz **vorausgestellt**:
Sophie sagt: „Ich habe überhaupt keinen Appetit."

Oft ist der Begleitsatz dem Redesatz **nachgestellt**:
„Ich habe überhaupt keinen Appetit", sagt Sophie.

Und ab und zu ist der Begleitsatz in den Redesatz **eingeschoben**:
„Ich habe", sagt Sophie, „überhaupt keinen Appetit."

M

1 Markiere in diesem Text die Redeteile. Füge dann die Redezeichen (Anführungszeichen) ein.
- Achte gut darauf, an welcher Stelle die Redezeichen stehen müssen:
  vor oder nach den Punkten und Kommas?
  Schau dir dazu noch einmal die Beispiele im Kasten an!
- **In den letzten Sätzen fehlen auch noch andere Satzzeichen. Füge sie ein.**

→ **Adjektive**

M

Adjektive

Adjektive machen **genauere** Angaben
- über die **Bedeutung** von **Nomen**: *das mutige Mädchen* → *das Mädchen ist mutig*
- über die **Bedeutung** von **Verben**: *Peter läuft am schnellsten.* → *am schnellsten laufen*

Adjektive kann man daran erkennen, dass sie immer zwischen einem Artikel
und einem Nomen stehen können: *die zahlreichen Erlebnisse.*
Aber nicht: *die often Erlebnisse!*

1 18 Wörter im Text sind *kursiv* gedruckt. Davon sind 11 Adjektive.
Markiere diese Wörter. Bist du dir nicht sicher, dann benutze die
Adjektiv-Probe. Passt das Wort hinein, gehört es zu den Adjektiven.
Die ... Plingplongs schwirren überall herum.

Eine SMS für Lola

Freitag, 1. März
Liebes Tagebuch, ich liege im Bett, Stöpsel und Alicia Keys in den Ohren, und ich habe
keine *große* Lust zum Schreiben. Ich bin völlig *kaputt*, habe *letzte* Nacht *schlecht* geschlafen und *schreckliche* Sachen geträumt, und die Prüfung ist *miserabel* gegangen.
Außerdem ist Kim mit diesem *geblümten* T-Shirt in die Schule gekommen, das ich
schon lange kaufen wollte, aber das geht ja jetzt nicht mehr, wenn sie es schon hat.
Dann war ich *draußen* mit Wanja, und er hat sich losgerissen und ist abgehauen, weil
ein Eichhörnchen im Gebüsch war, und beim Abendessen haben Mama und Papa sich
gestritten.
    Viertel nach eins. Bin wieder aufgewacht, weil Mama und Meret sich *unten* im Flur
angeschrien haben. *Typisch* Meret, sie ist wieder mal viel zu *spät* heimgekommen,
sie muss *nämlich* um halb eins zu Hause sein. Ich würde ja *gern* wissen, wo und mit
wem sie *immer* rumhängt. Ach ja, das habe ich *beinahe* vergessen. Bastian aus der 7c
hat mir eine SMS geschickt, darin stand: Wilst du mit mir gehen? Willst mit einem l!!
Also so was kann man ja wirklich nicht *ernst* nehmen.

2 Setze in die Lücken die Vergleichswörter *als* oder *wie* ein.

a) Gestern waren wieder mehr _____ 20 000 Zuschauer im Stadion.

b) Nur einmal sind weniger Zuschauer gekommen _____ gestern.

c) Daran kann man sehen, dass die Fußballbegeisterung hier so hoch

   ist _____ in keiner anderen Stadt.

d) Die Sprechchöre der Fans sind so laut _____ in anderen Stadien,

   aber sie sind viel witziger _____ sonst üblich.

e) So spielt unsere Mannschaft meist besser _____ das Gäste-Team.

→ Die Zeitformen: Präsens – Präteritum

Einkaufen früher und heute

1 Früher kaufte man seine Nahrungsmittel in einem Lebensmittelgeschäft.

2 Heute kauft man seine Nahrungsmittel in einem Supermarkt.

3 Dort findet man alles in Regalen aufgebaut.

4 Solche Geschäfte nannte man damals „Tante-Emma-Läden".

5 Da gab es einen Verkaufstresen, hinter dem der Kaufmann oder die Verkäuferin stand.

6 Für Käse und Fleischwaren gibt es Verkaufsstände.

7 Die Verkäuferin wickelt die Wurst in eine Plastikhülle.

8 Die Verkäuferin packte die Wurst in Pergamentpapier ein.

9 Die Milch füllte sie damals noch in eine mitgebrachte Milchkanne.

10 Die Milch findet man heutzutage in abgefüllten Flaschen.

11 Die Butter nimmt man in fertigen Päckchen aus dem Regal.

12 Die Butter wickelte sie in Papier ein.

13 Zucker und Mehl wog sie in Tüten ab.

14 Zucker und Mehl stehen in abgepackten Tüten da.

15 Was man braucht, legt man heute in einen Einkaufswagen.

16 Was man einkaufte, stellte die Verkäuferin nebeneinander auf den Tresen.

17 Zwischendurch unterhält man sich vielleicht mit einer Bekannten.

18 Zwischendurch unterhielt man sich vielleicht mit einer Bekannten.

19 Dann ging es ans Bezahlen.

20 Dann geht es ans Bezahlen.

21 Denn bezahlen muss man natürlich immer!

22 Man stellt sich an der Kasse an, und dort rechnet man dann ab.

23 Die Verkäuferin rechnete alles auf einem Zettel zusammen, und dann bezahlte man.

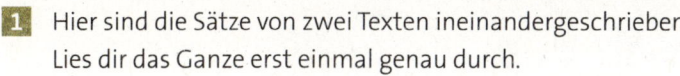

1 Hier sind die Sätze von zwei Texten ineinandergeschrieben. Lies dir das Ganze erst einmal genau durch.

2 Suche dir dann die Sätze des Textes heraus, die das Einkaufen **früher** beschreiben. Unterstreiche die Ziffern.

3 Lies dir diese Sätze noch einmal im Zusammenhang durch und überprüfe, ob sie zusammenpassen.

4 Markiere die Verben in diesen Sätzen. Sie stehen im Präteritum.

5 Unterstreiche Ausdrücke, die außerdem darauf hinweisen, dass hier von einer früheren Zeit die Rede ist.

6 Schau dir nun die Sätze zum Einkaufen **heute** an. Markiere die Verben darin in einer anderen Farbe.

7 Ein Satz gehört in beide Texte hinein. Welcher ist es?

→ Ein Experiment mit den Zeitformen

Fahrradtour

a) Auf meiner Fahrradtour *(kommen)* _____*kam*_____ mir auf einer Brücke ein Auto entgegen*gekommen*.
_____*ist*_____

b) Ich *(fahren)* _____ ganz dicht an den Rand _____.

c) Doch plötzlich *(verlieren)* _____ ich das Gleichgewicht _____

d) und *(stürzen)* _____ über das Geländer in den Bach _____.

e) Der Autofahrer *(anhalten)* _____

und *(kommen)* _____ die Böschung herunter _____.

f) Er *(ziehen)* _____ mich aus dem Bach _____.

g) „*(Passieren)* _____ dir was _____?", fragte er.

h) Er *(wollen)* _____ gleich den Notarzt rufen _____.

i) Aber alles *(gehen)* _____ noch einmal gut _____.

1 Schreibe in die Lücken **alle** Verbformen im **Perfekt** hinein –
aber wirklich alle! Schreibe möglichst mit Bleistift!
Wenn dir eine Form komisch vorkommt, dann unterkringele sie.

2 Schreibe noch einmal alle Verbformen in den Text hinein.
Aber jetzt im Präteritum, und zwar auf die Linie darüber.
Unterkringele wieder, was dir nicht zu passen scheint.

3 Schreibe jetzt in Farbe die Formen nach, die dir am besten gefallen.

→ Zeitformen in einen Text einsetzen

Überblick über die sechs Zeitformen des Deutschen

Präsens:	ich **schlafe**	ich **wache auf**
Perfekt:	ich **habe geschlafen**	ich **bin aufgewacht**
Präteritum:	ich **schlief**	ich **wachte auf**
Plusquamperfekt:	ich **hatte geschlafen**	ich **war aufgewacht**
Futur I:	ich **werde schlafen**	ich **werde aufwachen**
Futur II:	ich **werde geschlafen haben**	ich **werde aufgewacht sein**

1 Füge in die folgenden Sätze das Verb jeweils in einer der Zeitformen ein, die unter den Linien stehen.

a) Gestern (*gehen*) _____ ich so durch die Stadt.
   Präsens / Präteritum

b) Da (*treffen*) _____ ich doch plötzlich meinen alten Freund Tobias.
   Präsens / Präteritum

c) Wir (*sehen*) _____ uns lange nicht mehr _____.
   Perfekt / Plusquamperfekt

d) Wir (*setzen*) _____ uns auf eine Bank _____.
   Präteritum / Perfekt

e) Ich fragte: „Was (*machen*) _____ du in der letzten Zeit so _____?"
   Präsens / Perfekt

f) „Wir (*ziehen*) _____ demnächst nach Dortmund _____."
   Präsens / Futur I

g) „Dir (*gefallen*) _____ es wohl nicht auf dem Dorf _____?"
   Präsens / Perfekt

h) „Doch, aber meine Mutter (*bekommen*) _____ dort
   Präsens / Perfekt / Futur I
   eine neue Stelle_____."

i) „Deiner Freundin (*gefallen*) _____ das sicher nicht _____", sagte ich.
   Perfekt / Futur I

j) „Die (*verlieben sich*) _____ schon längst in einen anderen _____!", sagte Tobias.
   Perfekt

k) „Wenn wir (*umziehen*) _____,
   Perfekt

l) dann (*mailen*) _____ ich dir mal _____."
   Präsens / Futur I

m) „Und ich (*besuchen*) _____ dich in den Ferien _____."
   Präsens / Futur I

→ **Aktivsätze ins Passiv umformen**

M

Aktiv – Passiv

Im **Aktivsatz** steht in der Regel ein **„Täter"** an Subjektstelle: *Unbekannter Täter bestiehlt ältere Frau.*
Im **Passivsatz** steht dagegen an Subjektstelle, wer von der Tat **betroffen** ist:
Ältere Frau wird von unbekanntem Täter bestohlen.
In Passivsätzen wird der **„Täter"** meistens **nicht** genannt.

Übrig bleibt dann nur noch, was überhaupt geschieht und wem es geschieht: *Ältere Frau wird bestohlen.*
Das Passiv wird mit einer Form von **werden** und dem **Partizip II** gebildet.
Aus der **aktiven** Form des Verbs **bestiehlt** wird die **passive** Form **wird bestohlen**.

1 Forme die Sätze der Zeitungsnachricht in Passivsätze um. Beachte dabei, dass das Präsens des Passivs mit *wird*, das Präteritum mit *wurde* gebildet wird!
- Das Subjekt des Aktivsatzes, das du weglassen kannst, ist unterstrichen.
- Das neue Subjekt des Passivsatzes ist markiert.
- Auch die Überschrift solltest du im Passiv (ohne *werden*) formulieren.

Polizei sucht Reifenstecher

_____

Unbekannte durchstachen in Bergstadt Reifen geparkter Autos.

Reifen geparkter Autos wurden _____

Die Besitzer bemerkten die platten Reifen meist erst im Straßenverkehr.

_____

Dadurch verursachten die Fahrer dann oft Unfälle.

_____

Deswegen sollten Fahrer die Autos vor dem Einsteigen kontrollieren.

_____

Bürger von Bergdorf meldeten der Polizei bereits zwölf solcher Fälle.

_____

Die Polizei fordert die Bürger der Stadt auf, auf Verdächtige zu achten.

_____

Sie sollten der Polizei Auffälligkeiten umgehend melden.

_____

Leider konnte die Polizei die Täter bisher nicht fassen.

_____

→ Konjunktiv II – Verbformen üben

Der Konjunktiv II

Der **Konjunktiv II** wird aus dem **Präteritum** gebildet. Bei vielen Verben, die ein Präteritum mit
Bei vielen Verben wird einfach ein -*e* angehängt: *a, o, u* haben, wird der Umlaut gebildet:
ich ließ – ich ließe. *br<u>a</u>ch – br<u>ä</u>che, fl<u>o</u>g – fl<u>ö</u>ge, m<u>u</u>sste – m<u>ü</u>sste.*

M

1 Schreibe die fehlenden Formen in die Zeilen hinein.

Infinitiv	Präteritum	Konjunktiv II
bringen	*ich brachte*	*ich brächte*
essen		
finden		
geben		
gehen		
gelingen	*es gelang*	
haben	*ich hatte*	
halten	*es hielt*	
kommen		
nehmen	*sie nahm*	
rufen		
sehen	*ich sah*	
sprechen		
stehen		
sein	*ich war*	
sitzen		
tun		
werden	*ich wurde*	
zwingen	*er zwang*	

→ Konjunktiv II oder *würde*-Form?

M

Konjunktiv II oder würde-Form?

Einige Konjunktiv II-Formen werden in der Gebrauchssprache häufig durch Umschreibungen mit **würde** ersetzt:
In unserer Welt sähe es besser aus ... → In unserer Welt würde es besser aussehen ...

In vielen Fällen sollte man aber besser den Konjunktiv II verwenden:
Wenn sie doch bald kämen! (nicht: *kommen würden*)

1 Setze in die Zeilen die Verben im Konjunktiv II oder in der *würde*-Form ein, also: *fallen ließen* oder *fallen lassen würden*. Denke daran, die *würde*-Form nicht zu oft zu verwenden!

In unserer Welt sähe es besser aus, wenn wir in unserer Umgebung Abfälle nicht einfach fallen *(lassen)*

_____, statt sie in eine Mülltonne zu werfen, wenn wir

im kleinen Kreis den Frieden *(bewahren)* _____,

wenn wir Hilfsbedürftigen mehr Aufmerksamkeit *(entgegenbringen)* _____

_____, wenn die Reichen mehr Geld für die armen

Länder *(ausgeben)* _____, wenn wir gegen-

über anderen Menschen so *(handeln)* _____,

wie wir selbst behandelt werden wollen; wenn wir uns immer so *(verhalten)* _____

_____, dass auch die nächsten Generationen noch eine unzer-

störte Welt vorfinden.

2 Füge statt der *würde*-Formen, die *kursiv* gedruckt sind, echte Konjunktive in die folgenden Zeilen ein, dann wird eine Art Wunschgedicht daraus. Wenn du einige Formen nicht kennst, dann schau dir noch einmal die Seite 79 an!

Wenn ..., ja wenn ...

Wenn ich könnte, was ich ~~wollen würde~~!   *wollte*

Wenn ich nur nicht so viel *sollen würde*!

Wenn ich eine Freundin *finden würde*,

mir kein Feind im Wege *stehen würde*!

Wenn genügend Geld ich *haben würde*!

Wenn mir jeder Gutes *tun würde*!

Wenn man mir nur Lob *zusprechen würde*,

keine Freundschaft mehr *zerbrechen würde*.

Wenn mir alles stets *gelingen würde*

und mich keiner zu was *zwingen würde*!

Ja, wie *würde* ich dann froh *sein*!

Aber, ach, es geht auch so!

→ **Adverbien**

1 Probiere aus, an welcher Stelle im Text die folgenden Adverbien stehen können. Füge sie in die Zeilen ein. Am Satzanfang musst du die Adverbien großschreiben.

bisschen – danach – deswegen – draußen – fast – immer – jetzt – oben – oft – sehr – so – sofort – überall – unten – vorgestern – vormittags – zusammen

Adverbien

Adverbien geben an …
- **wann** etwas geschieht: *bald, damals, dann, gestern, zuerst;*
- **wo** etwas geschieht: *dort, hier, links, nebenan;*
- **warum** etwas geschieht: *darum, trotzdem, warum;*
- **wie** etwas geschieht: *beinahe, gern, irgendwie, kaum, nicht.*

M

Liebe Maren,   Peine, 12. April 20..

wir sind _____ im Schullandheim eingetroffen. Ein _____

bin ich von dem Heim enttäuscht. _____ riecht es muffig. _____

habe ich _____ alle Fenster in unserem Zimmer geöffnet. Ich fühlte mich _____

gleich besser. Ich bin mit Steffi in einem Zimmer untergebracht. Im Etagenbett schläft sie _____

und ich _____. Das gefällt mir _____, denn _____

kann ich schneller _____ sein. _____

haben wir _____ vier Stunden Unterricht. Am Nachmittag erkunden wir

_____ die Umgebung. Die ist wirklich schön. _____ kommt Steffi. Das hätte

ich ja _____ vergessen. Wir wollen _____

ins Dorf einkaufen gehen.

Liebe Grüße von Muna

2 Versuche, die kursiv gedruckten Wörter durch ein passendes **Adverb** zu ersetzen. Trage die Adverbien in die Zeilen ein.

a) *Am nächsten Tag* _____ gehen wir in den Zoo.

b) Linda wohnt in der Wohnung *neben unserer* _____.

c) *Auf dem ganzen Hof verstreut* _____ lagen Glasscherben.

d) Er bekommt das Poster *ohne Bezahlung* _____.

e) *In wenigen Tagen* _____ beginnen die Ferien.

→ Präpositionen

Präpositionen

Präpositionen sind Wörter wie **an, auf, aus, bei, durch, für, gegen, hinter, in, mit, nach, neben, ohne, trotz, über, um, unter, von, vor, während, wegen, zu, zwischen.**
Nach Präpositionen folgt in der Regel ein Nomen: **aus** dem Haus, **durch** den Tunnel.

Dieses Nomen steht dann:
- im **Akkusativ** (durch den Tunnel): durch, für, gegen, ohne, um;
- im **Dativ** (aus dem Haus): aus, bei, mit, nach, von, zu;
- im **Akkusativ** oder **Dativ** (an den/dem Zaun): an, auf, hinter, in, über, unter, vor, zwischen;
- im **Genitiv** (trotz des Unfalls): trotz, während, wegen.

1 Setze in den folgenden Text passende Präpositionen aus dem Merkkasten ein.

Ein hoher Baum steht _____ unserem Haus. Der ist _____

unseren Kater schon manchmal die letzte Rettung gewesen. Auch gestern. Der Kater kletterte

ängstlich _____ den Baum, denn _____ dem Baum rannte ein Hund

herum und kläffte. Der Kater saß _____ einem Ast und blickte ängstlich herunter.

Der Hund sah _____ dem Kater hoch und wartete. Doch _____

einer Minute wurde es ihm zu langweilig. Er verschwand wieder _____ seiner Hun-

dehütte. Der Kater oben _____ dem Baum beobachtete alles aufmerksam. Und dann

sprang er, _____ der Gefahr, die ja immer noch bestand, _____

den Rasen hinunter. Er rannte _____ den Garten – und weg war er.

2 Ergänze in dem folgenden Text die Endungen der Wörter im richtigen Fall (Akkusativ, Dativ oder Genitiv). Markiere die Präpositionen.

Manchmal geht der Kampf zwischen unser_____ Kater und d_____ Hund nicht so gut aus.

Einmal versuchte der Hund, dem Kater auf d_____ Pelz zu rücken. Der Kater machte einen Buckel

und setzte seine Tatzen gegen d_____ Angreifer ein. Er schlug auf sein_____ Kopf und

seine Nase. Während d_____ Kampf_____ gab es ein lautes Gebell und Katzengeschrei. Nach

kurz_____ Getümmel gab der Hund auf. Er zog seinen Schwanz ein und flüchtete in sein_____

Hundekäfig. An sein_____ recht_____ Ohr hatte er eine Schramme. Der Kater legte sich als

stolzer Sieger oben auf d_____ Käfig – und blieb auf d_____ Käfig noch lange liegen.

→ Konjunktionen

Konjunktionen

Nebenordnende Konjunktionen wie *und, aber, oder, denn, doch, sondern, sowohl ... als ... auch, weder ... noch* stehen zwischen zwei **Hauptsätzen**:
*Der Berg ist schon von Weitem zu sehen, **denn** auf seinem Gipfel befindet sich ein Turm.*

Unterordnende Konjunktionen wie *dass, ob, als, während, wenn, sooft, bis, nachdem, bevor, weil, da, sodass, damit, obwohl, als ...* stehen zwischen **Hauptsätzen** und **Nebensätzen**:
*Die Vorstellung musste abgesagt werden, **weil** zwei Schauspieler erkrankt waren.*

1 Schreibe die beiden Beispielsätze einmal mit der nebenordnenden und einmal mit der unterordnenden Konjunktion auf. In den Nebensätzen musst du dazu die Reihenfolge der Satzglieder verändern.
- Unterstreiche das Prädikat jeweils im zweiten Satz.
- Vergiss nicht, die Kommas zu setzen.

a) aber / während
Tesha findet die Popgruppe echt super. Mir gefällt die Musik nicht.

Tesha findet die Popgruppe echt super, aber … _____

Tesha findet die Popgruppe echt super, während … _____

b) doch / obwohl
Anna sollte zur Geburtstagsfeier ihres Onkels mitgehen. Sie hatte keine Zeit dazu.

_____

_____

c) denn / weil
Mein Bruder muss heute viel lernen. Er schreibt morgen eine Physik-Arbeit.

_____

_____

d) und / sodass
Alex hatte sich beim Laufen an der Ferse verletzt. Er kam als Letzter ins Ziel.

_____

_____

→ **Satzglieder umstellen – einen Text überarbeiten**

M

Die normale Reihenfolge der Satzglieder im deutschen Satz ist:

Subjekt	Prädikat	Adverbiale	Objekte
Ich	*nahm*	*letzte Woche*	*den Zug nach San Francisco.*
Ich	*benutzte*	*damals / zum ersten Mal*	*eine Eisenbahn.*

Diese Reihenfolge gilt für **Einzelsätze**, die nicht in einem Textzusammenhang stehen.

In einem **zusammenhängenden Text** aber sieht diese Reihenfolge oft ganz anders aus. Da steht meistens am Anfang der Sätze ein Satzglied, das die Verbindung zum vorausgehenden Satz herstellt:
Damals benutzte ich zum ersten Mal eine Eisenbahn.

1 Lies zuerst die ganze Geschichte durch, damit du weißt, worum es geht.

2 Verschiebe in den Sätzen dieser Eisenbahngeschichte ein Satzglied an den Anfang, das dort besser hinpasst als das Subjekt. In einigen Sätzen sind solche Satzglieder schon unterstrichen, aus denen du dir eins auswählen kannst. Manchmal kannst du aber auch die normale Reihenfolge beibehalten.

Eisenbahnüberfall um 1900

Ich nahm <u>letzte Woche</u> den Zug nach San Francisco.

Letzte Woche nahm ich … _____

Ich benutzte <u>damals</u> zum ersten Mal eine Eisenbahn.

_____

Ich sah gut gelaunt aus dem Fenster.

_____

Ich war <u>von der weiten Landschaft</u> <u>besonders begeistert</u>.

_____

Ich betrachtete mit großen Augen die kühnen Brückenkonstruktionen.

_____

Der Zug bremste plötzlich aber mit kreischenden Rädern ab.

_____

Er kam mit einem entsetzlichen Ruck zum Stehen.

_____

Ich wäre fast vom Sitz geschleudert worden.

_____

Schüsse und lautes Geschrei zerfetzten die Stille.

_____

Ich hatte ja schon öfter von Eisenbahnräubern gelesen.

_____

Ich hatte so etwas aber nicht geglaubt.

_____

Etwa ein Dutzend wilder Gesellen ritt am Zug entlang.

_____

Einige drängten ungestüm in die Abteile hinein.

_____

Ich musste auf ihre wütenden Befehle hin meine Geldbörse abgeben.

_____

Es ging allen Passagieren genauso wie mir.

_____

Die Räuber waren im nächsten Augenblick wieder verschwunden.

_____

Wir waren zum Glück alle am Leben geblieben.

_____

Ich habe mich nach der Fahrt bei der Eisenbahngesellschaft beschwert.

_____

Ich bekam aber nur zu hören,

_____

die Bahn könne zurzeit nichts machen.

_____

Das war eben damals so. _____

→ Sätze inhaltlich aneinander anschließen

M

Sätze inhaltlich aneinander anschließen

In einem Text ist jeder Satz eine Art **Antwort** auf den vorausgehenden Satz.
Ganz <u>vorn</u> im Satz steht meistens ein Satzglied, das an den vorausgehenden
Satz <u>anschließt</u>.
Weit **hinten** im Satz steht meistens ein Satzglied, das besonders **betont** wird.
Der Zoo von Hannover hat bei seinen Besuchern eine Befragung durchgeführt.
*→ Dabei fanden die Zooforscher **Folgendes** heraus.*

1 Im folgenden Text sind die Satzglieder so angeordnet:
Subjekt – Prädikat – Adverbiale – Objekte.
Schreibe die Sätze so auf, dass ein gut zusammenhängender Text entsteht.

Ergebnisse einer Untersuchung im Zoo

Der Zoo von Hannover hat bei seinen Besuchern eine Befragung durchgeführt.

die Zooforscher
fanden heraus
dabei
Folgendes

die ganz kleinen Kinder
sahen zu
am liebsten
den Seehunden

Schulkinder
beobachteten
vor allem
die Affen

Jugendliche
interessierte
am meisten
dagegen
die Fütterung der Leoparden

die Erwachsenen
sahen sich an
überraschenderweise
vor allem
die Elefanten

diese Ergebnisse
haben sehr überrascht
die Zooforscher

→ Einen Text nach einem Satzgliedplan schreiben

1 Schreibe den folgenden Text so auf, wie es die Satzgliedreihenfolge jeweils angibt.

Fledermäuse

1. sieht
Fledermäuse
man
besonders häufig
in der Dämmerung

Objekt – Prädikat – Subjekt – Adverbial – Adverbial

_____

_____

2. jagen
sie
dann
Insekten

Adverbial – Prädikat – Subjekt – Objekt

_____

3. sieht aus
ihr Flug
etwas gespenstisch

Subjekt – Prädikat 1. Teil – Adverbial – Prädikat 2. Teil

_____

4. sind
Fledermäuse
dennoch
ganz harmlos

Adverbial – Prädikat – Subjekt – Adverbial

_____

5. verabscheuen
manche Menschen
trotzdem
diese Flugkünstler

Adverbial – Prädikat – Subjekt – Objekt

_____

_____

6. behaupten
einige Leute
sogar,

Subjekt – Prädikat – Adverbial

_____

7. glichen
sie
Vampiren aus
Schauergeschichten

Subjekt – Prädikat – Objekt

_____

_____

8. ist
das
natürlich
unsinnig

Adverbial – Prädikat – Subjekt – Adverbial

_____

9. nutzen
diese fantastischen
Insektenjäger
sogar
der Natur

Objekt – Prädikat – Subjekt – Adverbial

_____

Quellen

Texte

Seite 11–12: Heinrich Seidel: Das Huhn und der Karpfen. Aus: Gesammelte Schriften von Heinrich Seidel.
August Gottlob Liebeskind Verlags- und Kommissionsbuchhandlung. Leipzig 1897

Seite 12: Heinrich Hoffmann von Fallersleben: Der Reiher. Aus: Ein Gärtlein weiß ich noch auf Erden.
Hg. von Hans-Joachim Malecki. Hoffmann-von-Fallersleben-Gesellschaft. Braunschweig 1956

Seite 13: Heinz Erhardt: Die Made. Aus: Das große Heinz-Erhardt-Buch. Fackelträger Verlag. Hannover 1970

Seite 22: Thema: Klimawandel. Daten entnommen aus der 16. Shell Jugendstudie „Jugend 2010".
Hg. von der Shell Deutschland Holding. Konzeption & Koordination: Mathias Albert, Klaus Hurrelmann
und Gudrun Quenzel, Universität Bielefeld, in Zusammenarbeit mit TNS Infratest Sozialforschung, München.

Seite 32–33: Originalbeitrag, Wolfgang Menzel nach einer Anekdote von Rolf Wilhelm Brednich

Seite 34–35: Originalbeitrag, Wolfgang Menzel nach Johann Peter Hebel

Seite 37: Theodor Fontane: John Maynard. Aus: Deutsche Balladen. Von Bürger bis Brecht.
Hg. von K. H. Berger und W. Püschel. Verlag Neues Leben. Berlin 1991

Seite 44: Versuchsbeschreibung: Das Servietten-Experiment. Nach:
Trockenes Taschentuch | Element: Wasser | SWR Kindernetz
www.kindernetz.de/infonetz/elementwasser/taschentuch/-/.../index.html
Download vom 15.05.2011

Seite 46: Versuchsbeschreibung: Wasser entsalzen. Nach:
So wird's gemacht – Jokers Download-Portal Wasserentsalzung.
www.jokers-downloads.ch/tracking.php?id=2470
Download vom 15.05.2011

Seite 51: Jana Kühle: Autofreier Tag am 22. September. Aus: GEOlino.de
http://www.geo.de/GEOlino/technik/
Download vom 29.09.2010

Seite 53: Georg Britting: Raubritter. Aus: Georg Britting: Gedichte 1930–1940.
Hg. von W. Schmitz. List Verlag. München 1961

Seite 54–55: Christa Zeuch: Isabel spricht nicht mehr mit mir. Aus: Mut tut gut.
© Arena Verlag. Würzburg 1994

Seite 56–57: Leo N. Tolstoi: Der Sprung. Aus: Kindererzählungen, Märchen und Fabeln russischer Klassiker.
Übersetzt aus dem Russischen von Manfred von Busch. Alfred Holz Verlag. Berlin 1971

Seite 74: Anita Siegfried: Eine SMS für Lola (Auszug). Aus: Ach wie gut, dass niemand weiß.
Hg. von Gabrielle Alioth. Nagel & Kimche im Carl Hanser Verlag. München, Wien

Bilder

|Deutscher Sparkassen- und Giroverband, Berlin: 27. |Energieinstitut Vorarlberg, Dornbirn: Martin Reis 51. |Picture-Alliance GmbH, Frankfurt/M.: dpa-Infografik 20; dpa-Infografik 4191 23. |plainpicture, Hamburg: (Kinder) Titel. |www.roggenthin.de, Nürnberg: Titel.

Wir arbeiten sehr sorgfältig daran, für alle verwendeten Abbildungen die Rechteinhaberinnen und Rechteinhaber zu ermitteln. Sollte uns dies im Einzelfall nicht vollständig gelungen sein, werden berechtigte Ansprüche selbstverständlich im Rahmen der üblichen Vereinbarungen abgegolten.